U0889174

好书精读 Master 15′

商业新闻出版公司和轻松读文化事业有限公司提供内容支持

朋友圈也要经营

轻松读大师项目部　编

中国盲文出版社

图书在版编目（CIP）数据

朋友圈也要经营：大字版/轻松读大师项目部编. —北京：中国盲文出版社，2017. 4

ISBN 978-7-5002-7852-8

Ⅰ. ①朋…　Ⅱ. ①轻…　Ⅲ. ①人际关系学—通俗读物　Ⅳ. ①C912. 11-49

中国版本图书馆 CIP 数据核字（2017）第 084577 号

本书由轻松读文化事业有限公司授权出版

朋友圈也要经营

编　　者：轻松读大师项目部
出版发行：中国盲文出版社
社　　址：北京市西城区太平街甲 6 号
邮政编码：100050
印　　刷：北京汇林印务有限公司
经　　销：新华书店
开　　本：787×1092　1/16
字　　数：80 千字
印　　张：13
版　　次：2017 年 4 月第 1 版　2017 年 5 月第 1 次印刷
书　　号：ISBN 978-7-5002-7852-8/C·116
定　　价：44.00 元
销售热线：（010）83190289　83190292　83190297

出版前言

数字文明为我们求知问道、拓展格局带来空前便利，同时也使我们深受信息过剩、知识爆炸的困扰。面对海量信息，闭目塞听、望洋兴叹固非良策，不分主次、照单全收更无可能。时代快速变化，竞争不断升级，要想克服本领恐慌，防止无知而盲、少知而迷，需尽可能将主流社会的最新智力成果内化于心、外化于行，如此才能更好地顺应时代，提高成功概率。为使读者精准快速地把握分散在万千书卷中的新理念、新策略、新创意、新方法，我们组织编写了这套《好书精读丛书》。

这套书旨在帮助读者提高阅读质量和效率。我们依托海内外相关知识服务机构十多年的持续积累，博观约取，从经济管理、创业创新、投资理财、营销创意、人际沟通、名企分析等方面选取数百种与时俱进又经世致用的好书分类整合，凝练出版。它们或传播现代经管新知，或讲授实用营销技巧，或聚焦创新创业，或分析成功者要素组合，真知云集，灼见荟萃。期待这些凝聚着当代经济社会管理创新创意亮点的好书，能为提升您的学识见解和能力建设提供优质有效便捷的阅读资源。

聚焦对最新知识的深度加工和闪光点提炼是这套书的突出特点。每本书集中解读 4 种主题相关的代表性好书，以“要点整理”“5 分钟摘要”“主题看板”“关键词解读”“轻松读大师”等栏目精炼呈现各书核心观点，崇真尚实，化繁为简，您可利用各种碎片化时间在赏心悦目中取其精髓。常读常新，明辨笃行，您一定会悟得更深更透，做得更好更快。

好书不厌百回读，熟读深思子自知。作为精准知识服务的一次尝试，我们期待能帮您开启高效率的阅读。让我们一起成长和超越！

目 录

“见面识名”记忆法 ………………………………… 1

见到熟悉的面孔却喊不出对方的名字，这种尴尬和懊恼的感觉相信你一定不陌生。记住他人名字是建立良好人际关系的第一步，不但能使你在社交场合更有底气，也是开创成功事业的有效工具。记忆大师本杰明·利维倾囊相授记忆秘诀，借助FACE和NAME记忆法，大家可以有效识别对方的外貌特征、记住其姓名，并将两者联系起来。

人性的弱点 …………………………………… 53

作者戴尔·卡耐基被誉为“人际关系学之父”。他的人际关系理论没有停留在“实用技巧”层面，而是建立在对人性认真观察的基础上。在生活和工作中，通过顺应对方心理展开人际互动，我们可以使自己有效地取得好人缘，获得大家的关注与支持，阐述不同观点而不招致反感，潜移默化地影响他人的行为……

26 铁则打造强大人际关系 …………………… 101

在当今世界，想要与人接触很容易，要建立持久的人际关系却很难。作为经营人脉网络的专家，作者安德鲁·索贝尔和杰罗尔德·帕纳斯梳理了建立强大人际关系的四个步骤——与人结识、变得重要、产生共鸣和造成影响，并提出26项铁则帮助读者实践上述策略。如此一来，我们有望将“泛泛之交”变成自己生命中的“贵人”。

5＋50＋100 人脉活化术 …………………… 153

人脉专家朱迪·罗比内特相信："在别人身上可以找到你需要的答案、交易、金钱、渠道、权力及影响力。"大部分的企业经理人也承认，人脉对他们的事业影响巨大。然而，如何用一套清晰可行的策略来经营人脉网络？对此，作者提出了"5＋50＋100 人脉活化术"，帮助读者认清和调整自己的人际关系，建立强力人脉网络。

“见面识名”记忆法

Remember Every Name Every Time

Corporate America’s Memory Master
Reveals His Secrets

原著作者简介

本杰明·利维（Benjamin Levy），美国著名的记忆专家，受益于其指导的有美国最成功企业的CEO、政府首脑和欧洲皇室成员。利维原是受聘于企业的专业表演者及舞台魔术师，每次登台除了变魔术之外，他通常还会进行记忆表演，能一次记住150个以上的名字。

本文编译：张美惠

主要内容

5分钟摘要 | 掌握记忆秘诀，事业社交两亨通/5

轻松读大师 | 一 FACE基本记忆法/7

二 NAME进阶记忆法/20

三 其他记忆法与诀窍/33

专家解读 | 用心是记忆人名的最佳秘诀/41

人名是打开人际关系的第一把钥匙/49

5分钟摘要

掌握记忆秘诀，事业社交两亨通

能够记住别人的名字是一件很宝贵的事业工具，极有助于建立成功的事业。

实际操作中，有两种记忆名字的方法：

基本法

F A C E

这个方法是在一开始就弄清楚对方的名字并不断重复，直到将名字印入脑海，以便日后更容易想起。

这个方法运用的是左脑的活动，或者说是一种借助语言与分析的记忆法。

进阶法

N A M E

这个方法是先注意对方的脸部特征，在心里将该特征与对方名字联系起来。日后当你回想起那个特征时，便会同时记起对方的名字。

这个方法运用的是右脑的活动，或者说是借助图像与想象的记忆法。

有些人觉得学习基本法就足够了，不必学进阶法，有些人则是把两种方法融会贯通。不论你偏好哪一种，一定要坚持练习才能发挥作用。两种方法都不难理解，但要取得显著效果，就需要在平日多下功夫。

能够记住别人的名字，不但是建立成功事业的重要工具，也是很宝贵的社交技巧。记住一个人的名字会使对方觉得受到重视，于公于私都较可能对你作出正面的回应。

简言之，能记住别人的名字就有机会在对方心中留下很好的印象。

一　FACE 基本记忆法

FACE 基本记忆法包含四个步骤：

Focus	专注——对刚认识的人集中注意力
Ask	提问——提出问题以厘清并确认细节
Comment	评论——将名字与你所知的事物联系起来
Employ	运用——熟能生巧，以免忘记

1. 专注——对刚认识的人集中注意力

很多人自认不善于记名字，也从来不尝试去记。正确的做法是效法职业运动员，在参加重要比赛前先作好心理准备。下次你去参加有陌生人的聚会时，要对自己的记忆力有信心，不要听到新的名字便打退堂鼓。

首先，当你听到一个名字时要特别注意那个人。下列方法有助于提升专注力：

◎尽可能事先作好准备，例如先浏览来宾名单（如果有的话），或是下定决心给初次碰面的人留下最好的印象。

◎抱持正面思考心态，多想想认识新朋友的好处，而不要一直担忧会记不住别人的名字。把每次认识新朋友都当成增进事业发展的机会，因为你永远无法预知那个人将来会扮演何种角色。

◎认识新朋友时要在当下保持专注，用心听清楚对方的名字，而不是一直想着自己打扮如何、该说些什么俏皮话或被其他事情分心。听到对方的名字时要专注地看着对方，暂时抛开所有事情。

◎把握介绍的时机认识对方，诚心与对方握手，仔细听对方的名字。这时候可别因周遭事物而分神，务必在一开始就清楚记住对方的名字。如果可能，甚至可以假装第一次没听清楚，请对方再说一遍。有些人习惯于握住对方的手不放，直到听清楚名字。

这个步骤看似浅显易懂，事实上有很多人无法在第一次时就听清楚对方的名字，之后当然会觉得很难记住。当一个人站在身边时你都不知道他的名字，以后又怎么可能记得住？第一次听到对方名字时就要专心记住，这样才能为将来奠定基础。总之要专注在当下。

2. 提问——提出问题以厘清并确认细节

即使在第一次就把对方的名字听得清清楚楚，仍有必要提出问题，以便再听一次。这么做的原因如下：

◎相似的名字很多，必须确定自己听到的是“黄”而不是“王”。

◎与其聊了一会儿再问清楚，不如一开始就先确认。前者表示你完全忘了对方的名字，后者表示你没听清楚。

◎提出问题可加深记忆。

◎对方看你这么努力地记他的名字，会觉得很高兴。

以下是一些既不失礼又实用的发问方式：

◎“对不起，您刚刚说太快了，您的大名是？”

◎“抱歉，我没听清楚，您说您的大名是？”

◎“抱歉，这里太吵了，您是说……吗？”

◎“我怕搞错，请问您的名字怎么写？”

◎“您的名字凯西是K还是C开头？”

◎“我最喜欢记名字了，请说清楚一点。”

◎“您喜欢自己的名字……吗？”

◎“真巧，我有个朋友名字也叫……”

步骤二可以不着痕迹地强化步骤一的效果。下面是一些通过提问得到的收获：

◎使自己更专注，把对方的名字深深地刻在脑海里。

◎确定对方是否喜欢别人以简称来称呼他，如罗伯特是否愿意被称为罗伯或鲍伯。

◎可借机聊聊对方名字的背景，以后会更容易记住。例如，当初对方取名字时可能有特殊原因或是民族渊源，可以此作为将来回想的线索。

在生活和工作中，很多提问的技巧要拿捏到位。如果你问一个姓王的人“王”字怎么写，他会觉得你有点奇怪。同样，如果你的问题太热切或太私密，过分涉及个人隐私，对方可能觉得你不像专业人士，倒像是挖人隐私的狗仔队。总之，一定要表现得轻松自在，不要太严肃。

大声说出对方的名字很简单且效果非常好。科学研究发现，听到一条信息和把它用语言说出来时大脑中的神经反应过程是不同的，说出来时脑部的记忆中枢会建立先前没有的新的神经连接。询问对方的名字能帮助自己日后更轻松地记住该名字。

所幸多数人都很乐意别人注意自己的名字。你甚至可以告诉对方你刚看过一本关于记忆名字的书，问他是否愿意帮忙。对方一定会觉得很开心，因为他的虚荣心能够得到满足——“什么，竟然有人这么抬举我，诚心诚意要记住我的名字!”如果你请对方多谈谈名字的由来，多数人会很乐意配合。如果够幸运，说不定还能听到很精彩的故事。

3. 评论——将名字与你所知的事物联系起来

在前两个步骤中，你专注听取了对方的名字，也提出了问题。基本资料都有了，接下来要做的是取得更多的信息，将对方的名字与你所熟知的人或事联系起来。

理想情况下，现在你应该给出愉快、有趣、符合社交礼仪或是言之有物的评论。同时也可以制造机会让对方作类似的评论，对方会觉得更自在。因此你们之间可能会出现下列对话：

你：“你好，我叫本杰明。”

陌生人：“你好，我叫艾力克斯。”

你：“抱歉，你是说艾力吗?”

陌生人：“不，是艾力克斯，亚历山大的简称。”

这时你就可以把这个名字与你所知道的某件

事联系在一起，例如：

◎如果你是历史通，可能会想到亚历山大·贝尔（电话的发明者）或亚历山大大帝。

◎如果你是运动迷，可能会想到棒球明星艾力克斯·罗德里格斯。

◎如果你是电视节目通，可能会想到《天才家庭》里迈克尔·福克斯饰演的艾力克斯·特伦顿或《危机四伏》里的艾力克斯·崔贝克。

◎如果你喜欢音乐，可能会想到较有名的电影《亚历山大的爵士乐队》。

◎你也可能想到某个政治人物、演员、歌星、一行诗、小说人物、歌曲里的名字或是同名的亲友等。

为了强化效果，确定没记错名字，你可以在心里默念或直接说出你的联想。

这种将对方名字与其他事物联系起来的评论，能更强烈地将对方的名字传送到你的脑中，使你以后更容易想起这个名字。用科学的语言来表述就是，记忆是一种生理活动，人类记忆时，神经细胞（或神经元）接收来自大脑皮层的信息，再发送电化学脉冲。作出评论等于告诉大脑，这个信息不能丢弃，必须储存起来供未来之用。于是你会创造更多的神经连接，而这正是建立长期记忆的基石。简言之，进行评论有助于启动建立长期记忆所需的大脑活动。

关键思维

说出一个人的名字等于是在建立关系，突显对方的独特地位。就像弗洛伊德说的："名字是一个人很重要的部分，甚至可以说是灵魂的一部分。"或者就像《欢乐酒店》的主题歌所唱的："我们都渴望自己的名字无人不知。"

——弗雷德里克·帕尔曼，心理分析师

尽可能在自己的记忆库里建立联想，心理分析师常说的"深度处理"就是这个意思。一项事物能引发的联想愈丰富，就愈有可能被记住，因为如此一来，人们每次回想时便会有好几个按钮灯同时亮起。

——埃里克·坎德尔，哥伦比亚大学神经生物学与行为学研究中心创始人

4. 运用——熟能生巧，以免忘记

最后一步是找机会自然、友善、合理地说出对方的名字。这个步骤要稍微谨慎一些，如果过于明显地反复叫出对方的名字，容易引起对方反感。因此你必须很谨慎，在谈话时自然而然地说出，就像和老朋友聊天一样，而不是为了破纪录似的反复提起。

在实践中，如何做到这点？以下几种做法可供参考：

◎寻找自然的机会，如“要不要再加点水呢，凯文”或是“这边的菜很不错，你吃过没有，凯文”。

◎最好在句尾而非句首称呼对方的名字，这样听起来比较友善而且随意。

◎在谈话中提及对方的名字，例如“就像凯文刚刚说的”。

◎介绍对方与朋友认识时是直接称呼其名字的绝佳机会：“杰西卡，你见过凯文吗？凯文在电信业工作。”

◎道别时可直接称呼名字，例如“很高兴认识你，凯文”。

前面说过，从科学观点来看，说出刚知道的名字有利于在脑中建立新的神经连接。通过这个方法可达到强化记忆的效果，将来你会更容易想起对方的名字。

别忘了记名字本来就不容易，需要花一点心力。名字本身是抽象的东西，没有太多可着力的地方。有些名字有光荣的传统或历史故事，但其本身的价值很有限，甚至完全没有价值。更糟糕的是，很多人对自己记名字的能力很没有信心，所以在介绍别人给你认识时，可能因为不确定对方名字是否正确而一语带过。这时，虽然你想努力记住对方的名字，但常常一开始便陷入僵局。

还有一个因素会造成记名字困难。很多父母教导孩子不可以盯着陌生人看，认为那样太没有礼貌了。于是，当你初次与人见面时，可能自然而然地只是与对方进行快速的眼神接触，然后便刻意避免凝视对方，这当然无助于将对方的名字印在脑中。

由此看来，不妨主动些。现在你已学会FACE记忆法，下次认识新朋友时可以表现得更大方，更有自信。下面的诀窍能提升你记名字的能力：

◎保持乐观——不要一直想着“我一定记不住”，要不断告诉自己：“我学会了记名字的好办法，现在只需要将其付诸实践而已。”

◎不要拿记忆力差这件事开玩笑——想象自己在学习记名字的过程中会有多大的进步。

◎对自己有信心——要知道你的记忆力不比别人差。

关键思维

山姆·沃尔顿很善于记名字，他有很多辅助记忆的办法。例如他将每家分店与部门主管的名字和照片列出来，这样他到某家店时就会认出他们。此外他让员工佩戴大大的名牌——他希望每次走进店里都能叫得出每个人的名字，他希望每个员工都觉得自己是他最好的朋友，他希望沃尔玛的客人也都得到同样的对待。这些观念显然都很正确，只需看看该公司的业绩就知道了。

——约翰·休伊

《促销的本质》合著作者

我认为大多数CEO具备的一个特质，甚至可能是最重要的特质，就是领导力。等到爬到CEO这个位置后你要做什么呢？你必须领导别人。领导力的表现之一就是与人建立关系，让别人愿意追随你。如果我的做法是喊“喂，你，你，还有你，怎么不跟我来”，别人怎么可能跟随我？你必须通过人际关系的建立激励他人，其中最重要的一点就是叫得出别人的名字。

——史蒂芬·葛卢克斯登

苏黎世全球资产管理公司 CEO

二 NAME 进阶记忆法

NAME 进阶人名记忆法同样有四个步骤：

Nominate	指定——找出特定的脸部特征
Articulate	叙述——形容该特征
Morph	转化——赋予名字意义
Entwine	综合——将名字与主要特征紧密联结

1. 指定——找出特定的脸部特征

第一步是用心打量初次认识的人。找出对方较突出的脸部特征，任何特征都可以，重点是要能引起自己的注意。例如：

◎一位女士弯弯的眉毛。

◎一位男士的胡子。

◎对方的眼睛、嘴巴、牙齿、耳朵或下巴。

◎对方头部的形状。

注意不要选择会改变的特征，如领带或其他衣饰。当然也不能选择首饰（如耳环）或是女士的发型。要发挥这套记忆法的神奇功效，务必选择短期内不会改变的特征。

下列原则有助于强化自己在这方面的观察力：

◎不要畏惧直视对方——虽然很多人不会这么做。事实上被注意的人通常不会生气，反而会觉得很高兴。

◎透过他人的眼睛看对方，例如假想整形医师、摄影师或是验光师会怎么看这张脸。试想这些专业人士所选择的主要特征会是什么，他们会注意到哪些你会忽略的与众不同之处。

◎经常练习，努力提升这种观察力。举例来说，你在读今天的报纸时，不妨练习指出报纸上每一张面孔的特征。在银行或商店排队时，在机场或其他公共场合，也可默默审视周遭人们的脸。你还可以观察电视上的人，如新闻播音员。

只要经常练习，用不了多久你的观察力就会变得很敏锐。

◎培养对面孔的兴趣。兴趣愈浓，愈可能记住在事业上对你重要的人。

◎观察一张脸时，在心里思考下列问题：

- 此人需要隆鼻吗？
- 此人适合当间谍吗？
- 如果我是这个人，我会想要改变哪里？
- 此人担任电视新闻主播如何？
- 此人的五官较特别吗？

2. 叙述——形容该特征

要想在脑海里牢牢记住自己指出的特征，务必在心里精确地描述观察结果。

以下是一些参考范例：

◎泰德的眼睛是蓝灰色的，现在有些充血。

◎亨利的耳朵很红，耳垂几乎碰到颈部。

◎乔治的鼻子所占比例较大。

◎史蒂夫鼻梁断过几次，有点向左倾斜。

◎瑞贝卡的鼻子是我见过最正常的，毫无特征。

我要再说一次，你选择哪个特征并不重要。只要专心地注意那个特征，就可以向脑部传递一个信息：这个特征很重要，因此要好好注意。

注意不恰当的特征是很多人记不住名字的一个原因。多数人注意的不是固定的脸部特征，而是对方当天的穿着，无怪乎隔天对方穿不一样的衣服出现时，自己便想不起来了。要进行这方面的练习，不妨试着向朋友描述你刚认识的一个人，但不要提及他的穿着。

3. 转化——赋予名字意义

名字本身其实没什么意义，因此也很难记住，此步骤就是要解决这个问题。简单来说，就是把名字转化为一种心理意象，保留名字原有的若干元素并使其变得更鲜明。

方法如下：

◎“汤姆”转化成汤姆冲锋枪的形象。

◎“唐”转化成甜甜圈。

◎“乔治”转化成乔治·华盛顿。

◎“罗恩”转化成罗纳德·麦当劳。

很显然，所想到的心理意象愈是鲜明夸张，愈可能记住对方的名字。但别忘了，转化涉及个人偏好，甲觉得极为难忘的意象，乙可能觉得无聊透顶。

要进行这项步骤可以事先做点功课。先列出可能碰到的最常见的男女名字，想想看每个名字如何转化才能让自己印象深刻。如果你将要出国，也可列出该国最常见的名字，预先计划好如何转化它们。

最后一点，切记要把名字转化成具体事物，而不是变成动词或形容词。因为具体事物最容易想象，而运用转化技巧的基本目的是要赋予名字意义，容易想象是最重要的。

下列几项原则可以帮你充分发挥转化技巧的效用：

◎转化前后的关联要清楚，不妨用同一个字母开头。

◎选择明确的东西，而非容易与他物相混淆者。

◎选择发音与名字相似的具体事物，而非不易记忆的动词与形容词。

◎采用一个由名字联想到的意象，如"本"可以想到本杰明·富兰克林的风筝实验。

◎将转化当作是一件好玩的事，让想象力驰骋。最不可思议的是，所联想的意象愈是稀奇古怪，事后愈容易想起来。

◎较长的名字可依音节分解，将多个转化意象结合起来。

◎多认识一些常见名字的背景，便可借助著名历史人物建立意象。

◎搜集一些自己觉得好笑的转化法则，实际运用时则抱持轻松好玩的态度。从个人经验、背景、感兴趣的事中通常可找出高明的转化法则。

◎记住，转化时只要近似即可，不必要求各个细节都精确相符。在这方面，相近就已足够。

◎不适用的转化意象应尽快抛弃，以更有趣、更刺激的意象取而代之。

◎不要期待一种转化意象可以永久适用。事实上，当你和对方愈来愈熟悉后，原来的转化意象便会变得不重要，取而代之的是更详尽的个人资料。

简言之，转化的技巧让你不仅听到名字，还能具体看到名字。

4. 综合——将名字与主要特征紧密联结

将名字转化为鲜明的意象虽然很有趣，但并不能帮助自己记住名字或是将名字与面孔联系起来，这时便需要综合法。

综合法是指在心里将你注意到的具体特征与转化的意象以令人难忘的方式联系起来。请注意，这不只是同时想象转化的意象与对方的面孔而已，而是以有趣又易记的方式将两者综合起来。

综合的关键在于创作“一幅新颖的”（A NOVEL）彩色画面，方法如下：

◎A 代表“动态”（active），即转化的意象里应有某种戏剧元素与情节。

◎N 代表“新颖”（new），即你的组合必须具有原创性。如果你所想的是新奇独特的彩色画面，而非一再重复使用相同的画面，一定更能记住对方的名字。

◎O 代表“荒唐”（obscene），脸部特征与转化意象之间的联结愈荒诞不经，愈容易记住。你的意象愈大胆，甚至让人不安，将来愈容易想起。

◎V 代表“暴力”（violent），运用暴力的心理意象将转化后的事物与脸部特征联结在一起，将来你会较容易想起它。

◎E 代表“情感”（emotional），应该将个人的情感注入这个联结，且情感愈强烈愈好。

◎L 代表“滑稽”（ludicrous），尽量把心理意象塑造得很可笑或很夸张，这样将来比较可能想起它来。

别忘了你要创造的是彩色画面。色彩可引发强烈的感受，影响情绪。因此，综合法的另一个重点是运用色彩加强印象。

下面举一个例子说明综合法。假设朋友刚介绍鲍勃给你认识，你选择他的鼻子作为主要特征，并决定将他的名字转化为“雪橇”。

要把他的鼻子与雪橇综合起来，你可能会创造出一幅色彩鲜明的画面：

◎一辆小雪橇（上面坐着四个奥运选手）快速颠簸着越过鲍勃的鼻子，后面扬起一团团的雪。（动态）

◎这是有史以来最小的雪橇。（新颖）

◎那小雪橇逐渐失控，因为坐在上面的一男一女正在跑步。（荒唐）

◎雪橇越过冰天雪地里的沟沟坎坎，因摇晃

得太剧烈，坐在上面的人被抛到空中。(暴力)

◎小雪橇歪歪斜斜地经过一条熟悉的路，那是你小时候常去滑雪的地方。(情感)

◎小雪橇突然变大，鲍勃很难让它在鼻子上保持平衡。(滑稽)

◎雪橇被漆成美国国旗的红白蓝三色，或是极具设计感的黑色。(色彩)

记住，尽可能依据个人偏好创造出最生动的意象，上述辅助工具只是提醒你尽可能地联结不同元素。这些元素愈丰富，你的意象愈难忘，将来也就愈容易记起对方的名字来。

经过一段时间的练习，多数人都能把综合法运用自如。但就像做任何事一样，要达到高明的程度是需要努力的。换句话说，你必须仿效职业运动员，不断练习基本动作，一直到基本动作几乎变成直觉反应。综合法也可以事先练习，例如剪下报纸杂志上的照片用来自我练习，也可以在参加会议之前先浏览与会者名单。这些方法都有助于作好心理准备，让自己全力投入新名字的认识与记忆。

关键思维

每次参加会议时，特别会记名字的人总让我印象深刻。这种人能够快速拉近与他人的距离，让人感觉很能掌控形势，并能与一桌子的人自在相处。

——鲍勃·赫斯特，高盛集团副董事长

一般人可能不会想到要去记住很多资历尚浅的员工的名字，但如果你能做到这一点，对公司会有很正面的影响。我相信如果一个老板到工厂和员工打招呼时叫出他们的名字，一定很有助于提升士气。

——劳伦斯·蒂施
洛伊斯公司联席董事长

许多研究发现，除了不错的待遇之外，感觉到自己被视为团队的重要分子对员工的忠诚度与满意度影响最大。要强化这种重视感很简单，只要公司的资深主管记住车床操作员的姓名即可。很多主管顶多会说“做得好，好小子，继续努力”，但如果你能说“乔，你做得真好”，必然更能有效鼓励员工，让他们在工作中提升自我价值感与自尊。这听起来似乎只是小事，却能发挥很大的影响。

——丹尼斯·阿尔特，安地公司董事长

有时在与陌生人的聚会中，有些初识的朋友才听过我的名字就能在谈话中说出，而我却做不到，相较之下我当然处于劣势。对方掌控了主导权，显得比我圆融许多，而且他们的沟通层次也和我不同，因为他们知道我的名字，我却不知道他们的。多年的经验告诉我，这一点非常重要。

——迈克·齐斯曼

莲花软件公司执行副总裁

你必须发挥所有可用的优势才能赢得争夺人

才的战争。不要以为员工只是一个身份证号码或可以被指挥的东西，一定要记住这一点才可能吸引与留住人才。

——亚瑟·莱恩，保德信金融集团 CEO

三　其他记忆法与诀窍

除了前述的FACE和NAME记忆法，还有许多其他窍门能帮你应付记忆人名的难题。

1. 碰到一大堆难记的名字怎么办

有些名字与面孔确实比较难转化。随着全球化的程度日益加深，有时候你可能必须记忆一长串完全陌生的名字。碰到这种情况你该怎么办？

◎抱持正面的心态，善用你学到的方法。两者相较，NAME记忆法应该比FACE记忆法更适用。

◎要有耐性，外国人的名字需要花较多的时间转化。

◎动动脑筋，事先做好功课。尽可能在前一日取得宾客名单，想出可行的转化方法。有时你甚至可以拿到公司或会议的相册，此时便可事先观察与会者的面孔。

◎寻找所有名字发音相同或相似的部分，帮助你记忆。

最重要的是把这件事当作挑战。一旦能记住难记的名字，将来要记忆一般的名字时便易如反掌。

2. 如何记住名字以外的细节

一般而言，FACE 与 NAME 记忆法只适用于记名字。若要同时记忆其他细节该怎么做呢？诀窍在于多米诺骨牌效应，即第一块骨牌倒下时，会带动后面一长串跟着倒下。要记住一个人的各种相关信息，不妨设想出一连串的意象，串联成一个故事。

为了强化记忆，故事内容最好既丰富又有连贯性，充满情节、色彩与奇特的元素。这是需要花心思设计的，但能够留下非常深刻的印象。你也可以预先做一些准备工作，发挥事半功倍之效。例如，你可以预先设想最可能碰到的职务头衔要如何转化。例如：

◎董事长——想象一张巨大而豪华的椅子。

◎总经理——想象一份包装精美的礼物。

◎CEO——或许可以想象一个镀金的公文包。

◎CFO——想象一个长条纸从计算机吐出。

◎主管——想象旧时代坐在椅子上的电影导演。

◎执行董事——想象一个拿着听诊器的医生。

◎合伙人——想象旧时代的牛仔拿起帽子说“你好啊，伙伴”。

记住，重点不在于你运用何种心理意象，而在于该意象的内容要对你有意义。要让模糊的事物有意义，不妨采用你所喜欢的任何鲜明易记的意象。你有选择的自由，且无须告诉任何人，因此大可将其当作一件好玩的事来做。尽量把相关的细节转化成你喜欢又感兴趣的东西。

3. 一时想不起来怎么办

如果你经常练习 FACE 与 NAME 记忆法，便不太可能遇到这种情况。但万一有一天真的愣住了，下面是几点建议：

◎不要乱猜——因为再没有什么比猜错名字更糟糕了。

◎先发制人——例如你可以说："你们两个何不互相打声招呼？"

◎预先和配偶设计暗号——如果你没有叫出对方的名字，配偶赶快插入说："嗨，我是亚特的妻子派特。"这时便有机会听到对方说出自己的名字。

◎让对方自我介绍——当然你要提供适当的开场白。例如你可以说"认识一下我的朋友吧"，然后你便站在一旁。对方与你的朋友互相自我介绍时，你可以听到他的名字。

◎尝试诱导法——你可以说："对不起，请再告诉我你的名字。"如果对方回答的是姓，你可以说你已经知道他的姓了，你问的是名字。如果对方回答的是名字，你就说你问的是姓。

◎孤注一掷——故意问对方：“可以请问你的姓怎么拼吗？”然后暗自祈祷对方有个奇特的姓。万一是很普通的姓，你只好坦白招供是你忘了。

◎拖延战术，等待暗示——你可以说：“好久不见了，上次见面是什么时候？”

◎迂回战术——称对方老兄而不呼其名。

◎大灌迷汤——称呼对方为“全国最棒的律师”之类，而不说其名字。

◎谎称遗失名片——“谢天谢地今天让我碰到你。我们办公室重新装修，东西移来移去的，我的名片盒不知道跑到哪里去了。可以麻烦你在这张纸上写下你的联络方式好让我重新收藏吗？”

◎坦白承认——你可以说：“我当然记得你，去年在约翰和爱丽丝的派对上见过的嘛，但名字一时想不起来。”或者简单说：“抱歉，我一下子想不起来了，可以告诉我你的名字吗?”毕竟每个人都有这样的经历，对方应该能谅解。

◎运用政客的伎俩——美国前副总统休伯特·汉弗莱碰到和他年纪相仿的人时，会看着对方，满脸关切地说:“你的背还好吧?”然后对方必然会开始谈起他的腰酸背痛，并谢谢副总统的关心。同伴问他怎么能记得这些健康问题，他说他根本没去记:“我这个年纪的人谁没有背痛的问题?每当我忘记对方的名字时，我就问他的背好不好。”

◎运用肢体语言——例如你可以搂住对方的肩膀，或运用其他适当的身体接触表达热情，即使你记不得他的名字。

4. 如何记住名字数年不忘

一般而言，记忆名字时，运用FACE记忆法可记住一两天，运用NAME记忆法会记得比较久。但如果你要维持长时间的记忆，就必须发展出一套方法偶尔重温记忆，维持新鲜的心理意象。要怎么做到呢？

◎养成呼唤名字的习惯——打招呼时不要只是说“你好”或“嗨”。

◎尽可能拍下对方的照片——在背面写下他的姓名、见面场合以及任何你想要记住的细节。

◎把记名字当成嗜好——把重要的姓名册放在随手拿得到的地方，在等电话或稍事休息时拿出来看一看。

◎将记名字当作生活中重要的事——把握机会经常运用。

◎整理一本公司或组织的人名簿——包含每个人的相片与姓名。你可以在平常或重大活动前拿出来看一看，保持新鲜的记忆。

◎运用数字科技——例如可以运用掌上电脑，在其中放入每个人的小幅电子照片，至少你可以在上面做备注，以后会更容易记起来。

基本原则是在心里强化信息，这样才能久记不忘。不妨想出一套符合你个人情况与需求的方法。在这方面多注重细节，这可能对你的事业具有重要而长远的助益。

5. 如何从最常见的名字开始练习

与人见面前先做点功课，首先将你在国内可能碰到的最常见的名字列出来，思考下列问题：

◎若是运用FACE记忆法，这些名字可以和哪些名人联系在一起？

◎若是运用NAME记忆法，这些名字可以进行何种转化？

最好事先想好遇到常见名字时要如何运用上述方法，如此你必然能很快记住新认识的朋友。其中有些名字可能让你觉得与自己有切身的关联，也许你的家人、朋友里就有叫同样名字的人。如果你能对其产生某种情感，那么记住该名字的概率会更高。

专家解读

用心是记忆人名的最佳秘诀

文/李培洁

我的工作生涯大致可分成两个阶段，第一阶段是从事鞋子贸易，第二阶段则是从事保险工作。还在鞋子贸易行业工作时，我经常联络的厂商从原料厂到购买对象，算起来也有三十几家，因为工作需要我得记住这些相关厂商的联络方式。也许和大学念的教育信息科学系有关，记这些厂商时，我脑中出现类似图书馆的档案管理系统，自动把顾客、公司分类，每类又可根据不同价位、不同厂商而形成一个相互关联的图像，甚至可以做到把订单、时间、到货日期都记得丝毫不差。或许你会感到很好奇，为什么我能记住这么多东西，其实最主要是因为这些人和事与我有关，我也关心这些人和事。

1. 鞋子透露记忆的信息

本杰明·利维建议的方法和我记人名的思路几乎完全相同，不过记忆人名的方式因人而异。以利维提出的FACE基本记忆法来说，初次认识一个人时，我会很注意这个人，不是把注意力集中在他的个人特征，而是这个人的整体印象上。记忆时我会像图书馆分类一样，把对方大致分为人文型、经济型、科技型等。也因为这个习惯，我会告诉公司的业务人员要特别注意自己的仪表，因为别人看到你时，立即就形成第一印象了。此外，大概是之前从事鞋子贸易的原因，我看人习惯从脚看起，因为从对方所穿的鞋子就可以得到很多个人的信息。例如穿平底鞋的人可能需要经常走动；通常年纪愈大，鞋子的高度愈低；不重视鞋子的人，个性多半较邋遢。这些无形中透露的信息，有助于自己对新认识的朋友形成深刻印象，要记住这位新认识朋友的名字也容易得多。

2. 多问可以强化记忆

FACE 基本记忆法的第二步——“提问”，当然是帮助自己记人名的好办法，因为你能搜集到的信息愈多，就愈容易使对方与自己建立起联系，记住对方的名字。当然，进一步提出问题询问对方，不外乎是因为自己有兴趣认识对方。有时候遇到一些明显让自己感到“非我族类”的人，我也不会想多问什么，自然就很容易忘掉对方的名字。因此，提问的问题或方式也不该有固定的模式。例如许多外国朋友见面时都习惯问候对方家人，这在华人中比较少见。以我目前的工作单位为例，单位共有五六十位员工，我大概都能记得他们的名字和家人。其实要了解同事的家庭状况并不困难或唐突，一般来说，同事聊天时经常会问到是否结婚这样的问题。如果结婚了，我可能会问在家都怎么称呼自己的另一半。如有位同事的先生姓“易”，我会接着问“他是山东人吗”，接着就能很自然地多了解对方家人的状况。

3. 声音是记忆的好帮手

对新认识的人有了初步印象，接下来要如何记住他的名字？我认为利维建议的第三个步骤——“评论”非常重要，就是怎么将对方名字和所知事物联系起来。对我来说，英文名字比较好记，因为英文名字通常与个人特质比较相近。例如我的英文名字 Jill 让人有种乐观的感觉，我确实也是个乐观的人；Tina 可能让人觉得有些爱撒娇或是做事比较不爱思考。此外，我们也可以从一些国外姓氏中看出个人血统，如犹太人、爱尔兰人或拉丁族裔，这些都有助于记忆名字。我还有些小技巧，例如声音对我的帮助就非常大。因为从小学过音乐，加上英文发音比较简单，因此我觉得记英文人名比较容易。我有时也会运用音节法来记电话号码，把电话号码拆成几段，把数字对应成音符，这也是一种记忆方式。此外，我也学过珠算，这对记忆电话号码也很有帮助。事实上，随着工商业的发达，很多时候我们和某些朋友只是电话上聊得很熟，彼此根本没见过面，这时声音就是认识对方最重要的工具。

相较于英文名字，我觉得中文名字的确不太好记，因为中文的思考方式比较复杂，同音字又多，人名与个性的关联性也比较低。想要系统地记忆中文名字似乎比较难，不过我还是会运用其他方法帮助记忆。例如“方”对我来说有点军校的味道，要是对方恰好是军人，就能留下深刻印象；如果某人名字里有个“庆”字，我可能会联想到“吉庆有余”；有时某些名字就是特别难记，而这个人也特别难相处，这更能帮我记住这个名字。每个人的联想方法不一样，就算是相同的人，联想的方式也会不断改变。只是好不容易记住一个名字，若想真正将其烙印在脑中，就一定得靠时时运用，也就是经常接触。

除了基本记忆法外，本杰明·利维还提供了NAME进阶记忆法。这种方法不只能帮你记得某人的名字，还使你记得住与那个人相关的事物，这样就能帮自己把对方的名字记得比较久。不过光是使用基本记忆法就不容易了，NAME进阶法更需要勤加练习。

4. 养成定期更新的习惯

记忆大量人名有时的确很困难，所幸现在有很多辅助工具。过去我都是使用万用记事本，用铅笔把认识的人依类别记在公司同事、厂商、朋友等大类下。但从2000年起，我就开始使用掌上电脑来帮助自己记忆。刚用掌上电脑时，我要逼自己花功夫把过去所有的文本资料一一输入掌上电脑，日后新增资料时就没那么痛苦了。我运用掌上电脑的具体方法是依需求把资料分为公司、朋友、家人、大类等类别。其中“大类”即是指我工作的“浩瀚通讯处”，里面记载的都是公司同仁。我还会建立一个保安公司的子类别，里面记载办公大楼保安的姓名。对我而言，保安公司是与公司有直接关系的，因此我不会把保安公司放在“公司”的一般分类里。由于保安经常流动，却又同属一家保安公司，因此我才会把这些保安的名字列在“大类”的子类别中。

我通常也会在每个人名下记下对方的基本资料，例如对方的星座、毕业学校、入行缘由、个人特质、家中排行和我们第一次见面的时间等，这些都有助于我记忆这个人的名字并加深对他的认识。如双子座的人，我会觉得他聪明、爱抢话、意见多；双鱼座可能有柔中带刚的个性；如果一对夫妻或情侣的配对是双子配双鱼，我会推测两人间的相处模式；老大通常比较负责，老二通常不惹人注意，老小任性……这些都能帮我更快记住他们。不论是使用记事本还是掌上电脑，最重要的是要养成定期更新资料的习惯。

基本上，我觉得记不住别人的名字是件不礼貌的事，所以我会努力记住朋友的名字。记住朋友的名字会让对方觉得自己受到重视，有时真的忘了对方的名字，我一般会坦白承认，但交情不深时，还是会敷衍了事。我认为最不礼貌的事就是拿别人名字开玩笑。有人故意把我的名字“李培洁”念成“你赔钱”，这让我非常不高兴。也许这是对方记住名字的方式，但如果真要这样才能记住我的话，我宁愿对方不要记住我，相信大家都能理解我的感受。谈了许多记名法，我还有一个不错的方法，那就是替自己取个恰当的小名，让大家更容易记得你，我的小名叫“小豆”，那你的呢？

作者简介

李培洁，毕业于台湾淡江大学教育信息科学系，曾任PallMark Fit Rite（Taiwan）Ltd副总裁，现为台湾保诚人寿浩瀚通讯处业务总监，曾荣获台湾寿险工会年度最佳外勤代表，擅长美术、书法、设计。

人名是打开人际关系的第一把钥匙

文/蔡炜震

《“见面识名”记忆法》讨论运用想象方式记忆人名，不过记人名为何如此重要？只要看看历史上成就卓越者的例子，就不难理解。古代马其顿国王亚历山大能叫出麾下一万名士兵的名字，法国拿破仑也运用这种非凡能力统率大军，创造了伟大的事业版图。试想公司主管如果也能记住部属的姓名，甚至是相关背景资料，那么必能增加彼此的互动并凝聚向心力。再者，有效地记忆客户姓名和长相，对于提升服务业的品质或建立对外公共关系大有助益。甚至在教育、医疗、保险、演艺等产业中，都可以借此开创更多的商机。

在今天的社交场合中，我们常有机会认识许多新朋友，有些人就有本事一次记住对方的姓名，大多数人常因记不住刚见面或交换过名片的人而深感困扰，难道记人名真的需要超强的记忆力？相信大家都有过类似的经历，走在街上或是在某个重要场合中，突然觉得对方似曾相识，彼此热络寒暄后，却怎么也想不起对方姓名，想问对方，又觉得很不礼貌，甚至到最后分别时还想不起来。事实上，要记住一百个人名并非难事，而是有秘诀的。记不住名字最主要的原因是一开始就没有留心注意对方的长相和名字，事后要清楚正确地回忆起来，当然是不可能的。

自古以来，东西方世界的人们尝试用各种方法来记名字，目前最广为使用的基本技巧是关注名字本身。也就是在记名字时，只是单纯地重复人名，但这并不能立即产生任何意义及印象，有时某些名字听起来就像一连串咕哝声的集合。正如朱熹所言："心不在此，则眼看不仔细，心眼既不专一，却只漫浪诵读，决不能记，记亦不能久也……"因此，除了加强训练专注力外，还要提醒自己务必倾听对方的自我介绍，一开始就弄清楚对方的名字，并找机会不断重复，直到运用观察力及右脑的创意和联想，把对方的相貌特征与本来无显著意义的名字联系起来。

在许多商业场合中，除了快速记忆对手及相关与会者的姓名、长相及背景资料外，若能同时观察及归纳分析其性格，将更有利于掌握形势及增强判断力。此外，服务业者在见到客户时，若能亲切叫出对方名字，并依其性格特质投其所好，除了能提供优质服务外，还能给客户留下深刻印象，建立良好的企业形象。对教学者而言，在面对众多学生时，如果既能记住他们的名字，又能了解其性格，不但能提高他们的专注力，还能让他们直接感受到老师的教学热忱。另一方面，这也有助于老师因材施教，一举数得。

总而言之，如果你能立即认出只见过一次面的人，并亲切、正确地叫出对方的名字，那么你一定能成功地建立丰富的人脉。而了解并掌握对方个性不但能促进彼此了解，当然也会增加彼此的合作机会及意愿。当然，通过这种方法还可提升自己的自信心及创造力、反应力，聪明的你一定可以在任何场合中，让别人对你印象深刻，创造双赢！

作者简介

蔡炜震，毕业于台湾淡江大学企业管理学系，获得加拿大不列颠哥伦比亚大学 MBA 学位，曾任台湾格兰英语总裁，现担任台湾全脑记忆学会 CEO，台湾警察大学刑事心理学指定讲师，台湾 Brain Max 国际教育机构董事长及首席讲师。

人性的弱点

卡耐基人际关系学

How to Win Friends and Influence People

The All-Time Classic Manual of People Skills

原著作者简介

戴尔·卡耐基（Dale Carnegie），被誉为“人际关系学之父”，1888年生于美国密苏里州，毕业于沃伦斯堡州立师范学院。他所创办的卡耐基训练学校在全球75个国家设有分支机构，学员超过600万人，美国《财富》杂志评选的500强企业中，超过425家企业长期使用卡耐基训练课程。卡耐基的教育理念影响了许多人，帮助许多人开创成功的事业生涯。其著作有《享受工作，享受生活》《如何停止忧虑开创人生》等。

本文编译：庄靖

主要内容

5分钟摘要 人际关系事关一生成败/57

轻松读大师
一 处理人际关系的基本技巧/59
二 让别人喜欢你的诀窍/65
三 如何让他人接受你的想法/73
四 优秀领导的原则/86

专家解读 一位医师眼中的人际关系/92

5分钟摘要

人际关系事关一生成败

不论我们的职业、目标、抱负是什么，人际关系都是我们面对的最大挑战。运用卡耐基所揭示的原则，你就可以增进信心、提升影响和改善效果。你会学到如何让别人停止只考虑自己，而与你目标一致。只要你肯花时间努力学习如何和周遭的人互动，就能提高实现目标的胜算。

关键思维

主动去喜欢别人，这可以让你在短短两个月的时间内交到许多朋友；但你若想让别人喜欢上你，和你做朋友，那得花上两年以上的功夫。

——戴尔·卡耐基

你曾见过不高兴的马儿吗？你见过忧郁的鸟儿吗？因为马儿跟鸟儿从来不去想改变别人对它

们的印象，所以它们快乐。

——戴尔·卡耐基

一个人的人格特质要比外在名声重要多了。因为人格特质所呈现的是真正的你，但外在的名声却只是别人对你的皮毛之见罢了。

——戴尔·卡耐基

如果想赢得友谊，最重要的事就是记住对方的名字。若是你能记住我的名字，代表着你对我怀有基本的敬意，也意味着你对我有印象，这项举动会让我觉得自己备受尊重。

——戴尔·卡耐基

一　处理人际关系的基本技巧

1. 想要采蜂蜜，就不要踩蜂窝

在你想开口批评别人之前，必须先三思，想想对方为什么说出这样的话。批评绝不会得到正面的结果。

人永远不愿批评自己，总是企图合理化自己的行为，辩称自己的一切做法都是不得已。批评别人亦徒劳无益，因为批评会让对方立刻采取防御的态度。

批评也是危险的，因为批评会带来憎恨，憎恨会郁积多年，然后在最不恰当的时刻扰乱我们的心绪。长久看来，逞一时口舌之快，却带来长久的痛苦，这样做绝对不值得。

许多研究显示，人对正面的激励远比对负面的责备更容易作出完整的回应。每当你想通过批评来矫正他人的行为时，就该从批评自己开始，这样你的收获会更多。

人并非完全理性的动物，人充满了热情、偏见和矛盾。为什么要用逻辑和理性来处理情绪？这样做是行不通的。

2. 欣赏和鼓励他人

人并没有很多欲望，但对真心渴望的事物会满心期待。因此，应对人际关系的关键就是找出他人真正的需求，并告诉他们如何美梦成真。只要你能做到这点，他们就会竭尽所能回报你。

若是我们的祖先没有出人头地的热切渴望，人类的文明就不可能发展，我们就只能像其他动物一样，仍然处于原始状态。如果我们能够找出人类追求成功的缘由，我们就掌握了解读人类性格的关键。

你能否想象，在你真心欣赏和认可他人时，你掌握了多大的力量？若能适当运用这股力量，这些人就会一心一意地协助你完成事业。奉承恭维只是虚伪的幻影，一眼就让人看穿。恭维和欣赏之间的差别在于恭维是虚情假意，专说些别人想听的话，而欣赏则是真心实意的。

只要你尝试，就能看到你遇见的每一个人的优点。你所需要的只是一点努力和正确的态度。

多年前，底特律有位老师在课堂上请史蒂维·莫里斯帮她找出躲在教室里的老鼠。老师知道史蒂维虽然失明，却有绝佳的听觉，这是史蒂维的天赋首次获得重用，也是他新生命的开端。史蒂维·莫里斯后来成了史蒂维·汪达，举世闻名的歌手和作曲家，而这一切全都始于一次小小的肯定。

关键思维

我所遇见的每一个人，在某些方面都有优于我的特点，而我也向他们学习这些特点。

——拉尔夫·爱默生，美国思想家

我认为我所拥有的最大资产就是能够激发员工的热忱，而激发员工发挥最大潜能的方法就是欣赏和鼓励。

——查尔斯·舒瓦布，美国成功商人

3. 拥有他人的支持才能迈向成功

钓鱼时，你不会拿草莓或奶油当诱饵，你会用鱼爱吃的小虫当诱饵。关键的原则是，以对方的诉求为主题，以他们的眼光来看事情。

人的一言一行都出自他们的欲望——他们想要的事物。因此，若是你够聪明，就不该老是把自己想要什么挂在嘴边。如果你能协助旁人达成他们的人生欲望，你就能够达成自己的人生欲望。下一次当你要别人做某事时，先停下脚步自问："我该如何让这个人为他自己做这件事？"找出答案，你就能够影响这个人。

如果推销员想的只是自己想要什么，就做不成生意。推销员应当明白其实对方并不想买东西，因为他们若想买，早就自己去购买了。但人永远都对解决问题有兴趣，如果推销员可以告诉我们，如何用他的产品来解决问题，不必他多费唇舌，我们就会争先恐后地购买。若你常常以其他人的观点、角度来看事情，那么你在销售事业上，就能打遍天下无敌手。

当我们发现一个绝佳的点子时，不要让别人觉得那是我们的功劳，要让他们自己去开发这个点子。唯有使大家自发地参与进来，才能获得他们的支持与帮助。

关键思维

行动源自我们基本的欲望。对想说服别人的人，不论是在生意、家庭、学业还是政治方面，最好的建议就是“首先激起他人的渴望，能够做到这点的人，会拥有全世界的支持，否则就注定孤立无援”。

——哈利·奥弗斯特里特，美国诗人

要说成功有什么秘诀，就是学习旁人的观点，然后同时从旁人和你自己的角度来看事情。

——亨利·福特，福特汽车公司创办人

能够设身处地为他人着想的人，能够了解旁人想法的人，永远无需担心未来会有什么变化。

——欧文·扬，美国知名商人

二　让别人喜欢你的诀窍

1. 如何让自己受欢迎

你可以在极短的时间内结交到更多的朋友，方法就是对他们真正感兴趣，这样做远比你花很长的时间使他们对你产生兴趣更为有效。

只要你真正对周遭的人感兴趣，就会受到对方热烈的欢迎。若是我们只想让自己在别人心中留下印象，让他们对我们感兴趣，那么绝不会交到真正的好朋友。要结交挚友，必须接纳他人，必须不自私，能够体贴对方，而这需要时间、精力和努力。

对别人真心表现出兴趣能够为你赢得友谊，并且培养出忠实的顾客。不过你对他们的兴趣必须是真心实意的，否则长期下来有害无益。这么做不只对你有益，也会为你所关注的对方带来好处。结交朋友的两个简单方法就是永远热忱待人和记得对方生日。这虽是小事，却可以创造影响深远的结果。

2. 如何建立良好的第一印象

开朗愉快的微笑是最佳的起点。行动比言语更有效，而微笑即说明："我喜欢你，我很高兴见到你。"

除非我们能真心喜欢自己的工作，否则很少能够成功。微笑是善意的使者，向你所接触的每个人传递美好的感觉，让人因接触你而感到愉悦，让大家甚至是陌生人喜欢你。微笑的效果很显著。

即使你不喜欢微笑，也该强迫自己展现笑容。用不了多长时间，你就会因为微笑而真正拥有更美好的感受。记住，快乐并不取决于外在的环境，而是取决于你的内心。你实际上拥有什么，或者实际的身份地位是什么并不会影响你是否快乐。你自认为拥有什么，或你自觉处于何种身份地位才会左右你的心情。微笑是你所能创造的最美好的第一印象。

关键思维

微笑的人往往能够更有效地从事管理、教导和营销等活动，并且能够培养出较快乐的子女。微笑传达出的信息比皱眉多得多，因此以鼓励作为教导的工具往往比惩罚有效得多。

——詹姆斯·麦康奈尔，美国生物学家

表面上似乎是先有情感后有行动，但其实行动和情感是同时发生的，若能管理直接受意志控制的行为，就能间接管理不受意志左右的情感。因此，若我们丧失了欢笑，那么用意志恢复欢笑的方法就是让自己的言行举止表现得仿佛欢笑就在身边。

——威廉·詹姆斯，美国心理学之父

3. 做不到这点会后患无穷

对一个人来说，宇宙中最重要的声音就是自己的名字。牢记这个事实，想出一套记住别人名字的方法。

许多人在需要辨认别人的姓名时总觉得十分不安，原因很简单，因为他们初次听到对方名字时不肯花时间或心思把名字正确地记下来，到后来只得难为情地承认自己的疏忽。

要解决这个问题，诀窍就是找出一套适合自己的记住人名的方法。比如头一次听到某个名字就赶快写下来，向对方求证你有没有记错他的名字，或者采用其他的方法。最重要的是要找到一套属于自己的记忆方法，而且常常运用。

除了商业和社交场合，记名字的能力在政治领域中也很重要。我们必须知道，一个人的名字蕴含了神奇的魔力。名字是我们接触对象最重要的特质，为这个人所独有。对所有人而言，自己的名字就是世上最动听的称呼。

4. 如何当个好的谈话对象

若你能鼓励人们谈论自己，然后扮演好听众的角色，那么他们就会认为，你是他们毕生所见的最棒的谈话对象。

人们期待知音，好让他们畅谈生活中的点点滴滴，提升他们的自我意识。若你能提供这样的满足感，他们就会乐于与你为伴。这么做的结果会令你感到惊讶。即使是充满敌意的人，只要面对有同情心的听众，一样会卸下防备，因为有机会倾吐心声而不再气愤。

这种技巧能让你取得什么样的效果？美国新闻史上最成功的杂志主编爱德华·博克就是以这种方式起家的。他写信给知名人士，请他们谈谈童年。他对别人的童年生活表现出极高的兴趣，通过帮人“回忆童年”而接触到许多极具启发性和激励人心的人物。再想想相反的情况，若你不停地谈论自己，不断打断旁人，无意聆听对方的想法，你会受人欢迎吗？显然人们只会无视你，不愿和你谈话。如果你想成为好的谈话对象，就该做个专注的听众。要做个有趣的人，先要对别人感兴趣。提出别人乐于回答的问题，鼓励人们谈论自己的成就。

关键思维

许多大人物告诉我，他们更想要好的听众，而不是会说话的人，因为聆听的能力比其他任何好的特质都更稀缺。

——艾萨克·马科松，美国诗人

成功的商业对话并无秘诀……能够全心全意地与对方交谈非常重要，再没有比这更能俘获人心的做法了。

——查尔斯·艾略特，哈佛大学前校长

很少有人能够抵挡得住别人全心全意的赞美。

——杰克·伍德福德，著名小说家

5. 如何引起他人的兴趣

直取人心的方法就是谈论对他们最重要的事，而不是你最看重的事。若你能够尝试从谈话对象的角度来看事情，从他们的立场来谈话，那么对方肯定会想与你做生意，挡都挡不住。

若你能掌握听众最关切的问题，和他们一起关注和钻研相关领域最新的发展，那么他们必然会因为你掌握了他们生活的关键要素而感到惊奇，和你也有说不完的话。这就是让你想要影响的对象接纳你的技巧。

6. 如何让人立即喜欢你

若是你能让对方觉得自己受到尊重，他们就会立即喜欢上你。人类已知的最美好感觉之一就是能为别人做些事而不图回报。

若我们能持续让接触对象觉得自己备受尊敬，他们就会期待和我们保持联系。真挚的谢意有着惊人的力量。踏踏实实的功夫不可省，许多小细节同样也不可忽略。诸如“很抱歉，麻烦你”“可不可以请你帮忙”“不知是否可以”之类的措辞既是有礼貌的表现，也会让接触你的人对你留下深刻印象。

只要花一点心思，你就会发现这一切并不难实现。“三人行，必有我师”，每个人在某一方面一定是优于自己的。把他们的这些优良特质找出来，巧妙地赞美他们的过人之处。对这样的认可，人们通常会有正面的回应。

关键思维

和别人谈论他们自己，他们就会长时间聆听。

——本杰明·迪斯雷利，英国前首相

三　如何让他人接受你的想法

1. 你绝不可能在争论中获胜

通常一般人在与人争论过后，会更坚持己见，认为对方大错特错。也就是说，即使你口头上赢得争论，事实上你还是输了，因为你让对方对你产生了不好的感受。违反自己意念而被说服的人，其实仍然固执己见。

你该采取的做法是避免在双方意见不同时展开争论，方法是做到以下几点：

◎接纳不同的意见，将其视为学习的良机。

◎控制防卫的本能反应。

◎控制你的脾气。

◎在作出回应之前，先听完对方的说法。

◎找出双方能达成共识的部分，并且以此作为交谈的重心。

◎诚实。若你犯了错，就该立刻明确承认错误，你会发现这样的做法能让对方卸下防备。

◎在作出回应之前，先仔细思考对方的想法。

◎感谢对方那么关心你，指出你所犯的错误。

◎避免采取任何其他行动，让双方都能有时间思考。

关键思维

任何打算充分发挥自我潜力的人，都不会有时间与人争论。与其和狗抢路被它咬伤，不如让它先过去，否则就算你把狗杀了，也无法改变被它咬的事实。

——亚伯拉罕·林肯，美国前总统

你与人吵嘴、争执或对抗，或许能赢得表面上的胜利，但这种胜利是空洞的，因为你永远得不到对手的善意。

——本杰明·富兰克林，美国开国元勋

2. 避免树敌的方法

如果你想要树敌，只要指出周遭的人犯了哪些错误即可，这一向是树敌的良方。

当然，除了言辞之外，你也可以借助行动告诉人们你认为他们错了。但这么做永远不会让他们改变心意，只会使他们因为你的自作聪明而加深与你的对立。“润物细无声”会更有效，但这需要明智的判断和巧妙的手法。

多用如下的言语：“其实我不是这样想的，但我可能错了——我确实常出错。如果我错了，希望你能纠正我。让我们来看一下实际的情况。”没有人会因这样的言语而感到不快，反而会乐于检视眼前的事实。

很少有人是完全讲逻辑的，大部分人会受偏见左右，不想改变固有想法。如果你告诉对方他们错了，只会剥夺他们的自尊，使你成为不受欢迎的人。

关键思维

我以他人的原则而不是我自己的原则来评判他人。

——马丁·路德·金，美国人权领袖

你不可能教人任何事情，你只能从旁协助他们自己探索。

——伽利略·伽利雷，天文学家

尽可能比别人更明智，但不必把这点告诉他们。

——切斯特菲尔德，英国外交家

我只知道一件事，那就是我什么也不知道。

——苏格拉底，古希腊哲学家

3. 犯了错就坦白承认

若是能迅速且果断地承认自己犯了错，你必然会对结果大吃一惊：大家反而会告诉你，情况没有那么糟。

当你发现自己犯错该受责备时，不妨先发制

人，在其他人要数落你之前，先自责一顿，然后观察他们的反应。你会发现，这个技巧反而会让对方卸除武装，化解僵局，从而解决所有的问题。承认错误让你显得与众不同，甚至让你有崇高的感受。

当你没犯错时，可以礼貌、友善、聪明地赢得别人对你的赞同。但一旦发现犯错，就要勇于承认你所犯下的错误。

4. 以温和友善的方式沟通

永远以友善的方式开始谈话，即使你内心感到纠结苦闷。若你一开始就张牙舞爪，恐怕话都没说完就已经出局了。

若某人对你非常生气，结果你还缠着他争辩不休，当然会搞得他更加火冒三丈。若你以低调、友善、温和的方式面对他，就会发现他其实是愿意跟你把事情谈清楚的。也就是说，温和友善远比狂风暴雨更能让人改变心意。想想全世界最成功的律师丹尼尔·韦布斯特常说的话：

◎“这该由陪审团思考。”

◎“这或许值得考虑。”

◎“我相信这些事实逃不出各位的法眼。”

◎“深谙人性的各位必然知道这些事实的重要性。”

关键思维

一滴蜜糖远比一加仑苦胆汁更能吸引苍蝇。你若想争取某人的支持，就要先让他相信你是他的朋友。

——亚伯拉罕·林肯，美国前总统

若你握拳以对，那么我必然出手更快；但若你说“让我们坐下来讨论”，那么就会立刻发现，我们两人的分歧并没有那么深。

——托马斯·威尔逊，美国前总统

5. 苏格拉底的智慧

不要一开始就针对双方的分歧进行讨论，而

该从双方的一致之处开始。先用简单的问题扩大双方的共识，再进一步展开讨论。这就是苏格拉底赢得争论的方法。

一开始就建立共识能够增加你成功的机会。若你采取这样的做法，再加上从他人角度来看事情的习惯，就能很快让对方支持你的看法，不会激烈地反对你。

6. 处理抱怨的安全阀门

别人向你抱怨时，让他们畅所欲言，耐心且真诚地敞开心胸聆听，鼓励他们一吐为快，这样通常他们自己就会说出问题的解决之道。

几乎每一位成功人士都爱谈当年的奋斗史。给他们大谈当年勇的机会，他们就会对你产生莫大的好感。即使是朋友，也宁可谈自己的成就，而非聆听我们的建树。

当朋友表现得比我们杰出时，他们会自觉坦然；若我们超越他们，他们就会自惭形秽，甚至产生嫉妒之心。少谈自己，多听他们说，他们就会喜欢和你在一起。

关键思维

若你想要敌人，就超越你的朋友；但若你想要朋友，就该让朋友超越你。

——拉罗什福科，法国哲人

7. 如何获得支持

没有人喜欢被推销或者受人指使去做事。我们宁可觉得自己做某事是出于自愿，或是在执行自己的点子。我们喜欢别人询问我们的期望、需求或想法。

人们一旦觉得点子是他们自己想出来的，就会全力以赴，尽一切努力达成目标。你应该提出建议，让旁人得出结论。有智慧的人会设法让别人觉得某个点子是对方自己的主意。这么一来，对方自然会关心这个点子的成败，会为自己的点子投入比别人更多的心力。

关键思维

在天才的作品中，我们看到了自己被拒绝的想法，如今它们却以崇高权威之姿，重新回到我们眼前。

——拉尔夫·爱默生，美国思想家

8. 为你创造奇迹的公式

要争取一个人的全力支持，关键在于要从他的角度来看待事物。我们若是能学会这样的技巧，就会确切知道该如何影响这个人。

当其他人犯错时，先不要指责他们，而该设身处地想想，为什么他们会有这样的想法。问问自己："如果我是对方，我会有什么反应？"要想经营成功的人际关系，我们必须能够理解对方的观点。

下一次你请人做某事的时候，不妨先停下脚步，从对方而非自己的角度思考整件事。如此一来，成功的机会必然增大。的确，这需要更多的努力，但这一切所带来的结果值得你这样做。

关键思维

面谈之前，如果我对对方的想法和动机不甚了解，不知道自己如何应对，或者猜不到对方会有怎样的回答，我宁可在对方办公室的过道里徘徊两个小时，也不愿走进去。

——华莱士·多纳姆

哈佛大学商学院前院长

如果你重视对方的想法与感受，一如重视你自己的想法与感受，那么只要一句话便能敲定双方的合作关系。

——杰拉尔德·尼伦伯格博士

9. 所有人的渴望

每个人最渴望的就是被了解、被接受。如果你能对周遭所有人都做到这一点，那么他们就会一再地找你合作。

“你有这样的感受，我一点也不怪你。如果我是你，也一定会有相同的感受。”这是句能够点石成金的神奇话语，能够消除恶意，让对方觉得和你相处愉悦无比。记住，你所碰到的人之中，大部分都渴望你能体会他们的感受。只要你愿意设身处地为他们着想，他们就会喜欢你。

关键思维

所有人都渴望同情。孩子会急切地展示他们的伤口，甚至割伤或撞伤自己以争取同情。同样，成人也会展示他们的伤痕，好让你同情他们。不论事出有因还是无病呻吟，所有的人或多或少都有些自伤自怜。

——亚瑟·盖茨，作家

10. 大家都喜欢的诉求

诉诸对方渴望崇高的动机。所有人都希望自己崇高，喜欢自己看上去品行端正无私。

通常我们采取行动时有两个理由——一个是冠冕堂皇的理由，另一个是真正的理由。人们总会思索自己行动的真正理由，却喜欢以崇高的动机做烟幕弹。你应了解和运用这一点，而不是反其道而行之。

11. 吸引人的表现方式

光是陈述事实还不够，你必须以生动、有趣、戏剧性的方式呈现它们。运用你的表现能力，使事实散发出诱人的魅力，这是吸引注意力的唯一方法。

如果你能以创意十足的方式呈现你的内容，吸引对方的注意力，那么你已经有了好的开始，接下来继续努力吧。你要以生动活泼的方式陈述事实，让对方仿佛已经听到牛排在烤架上嗞嗞作响，或已经尝到餐后甜点的美妙滋味。运用你的想象力，就能出其不意地俘获对方的心。

12. 无计可施的最后一招

想要争取别人的合作，你可以针对他们想要

追求卓越、希望自己变得举足轻重的愿望下功夫，提出他们无法拒绝的挑战。

关键思维

通过刺激竞争能够成就大事。我指的不是贪婪龌龊的抢钱竞争，而是追求卓越的欲望。

——查尔斯·施瓦布，嘉信理财创办人

所有人都会感到恐惧，但勇敢的人能放下恐惧勇往直前，虽然有时会面对死亡，但更多的时候会获得胜利。

——古希腊近卫军箴言

四 优秀领导的原则

1. 先赞美再批评

表达真诚的赞美和感激之情后再提出建设性的批评意见，比起一开始就单刀直入地进行批评，这样更易令人接受。

先赞美，再批评，让指教来得稳一些。如果你想拥有影响他人的技巧，就应该先找出对方表现得好的地方，再谈改进之处。这样做能够改变对方的抵触态度，因此值得你花费心思。

2. 批评时如何不招致怨怼

要改正别人的错误，一个有效的方法就是迂回战术，即引导他们注意到自己犯了哪些错误。这样做能让他们觉得自己是受到尊重的，他们会更愿意认识和改正自己的错误。

批评他人时，绝不要用“但是”一词。原本

侧耳倾听的人，一听到“但是”两个字，就会改变心态，等着问题出现。不妨把对话中的“但是”改为“而且”，这两个字会产生惊人的效果，可让对方虚心聆听你的想法。例如：

◎“约翰，我们很以你为傲，但是如果你更努力，就会有更好的表现。”

◎“约翰，我们很以你为傲，而且你若继续保持这种表现，你的成绩就能达到应有的标准。”

你会发现，间接地吸引人们注意自己的错误能够发挥极大的效果，甚至对痛恨直接批评的人也同样有效。这样做能避开争议和不愉快的感觉，并增强合作精神。

3. 先谈自己的错误

批评别人之前先谈自己的错误，对方会更乐意接受你的忠告，进而有更好的回应。

比起直接批评别人来，先谈自己的错误更容易缓和紧张局面、安抚对方情绪和培养合作精神。承认自己的错误，即使你尚未改正错误，也能说服别人改变他们做事的方法。

4. 没有人喜欢听命于人

和助理或伙伴合作时，如果你能用建议而非命令的方式提出你的要求，大家会更乐意协助你。只要他们觉得自己拥有自主权，就会认为成功达成目标是他们的职责。

与其说“做这个”“不要做那个”，不如尝试换个说法，如“你可以考虑这点”“你觉得这会有效吗”或“如果我们这样措辞，可能会好一点”。这种说话技巧可以维护他人的尊严，让他们觉得受到尊重，并且认为你是个理性的人，可以与你合作。这样做能够鼓励合作，而不是引起反抗。

这样做也会带来意外的好处，那就是可以刺激对方发挥创造力。他们也许能提出比受你支使时更好的点子，你的助理和伙伴能以截然不同的心态面对相同的任务。

5. 顾全他人的面子

如果你必须做某件大家都不喜欢的事，务必

要考虑其他人的感受，顾全他们的面子。你应该提出问题，而非大吼大叫、颐指气使，这样便能使人心悦诚服地接受你的指示，也能够刺激下属发挥创意。

只要给予他人自主权，就能培养更好、更高效的工作环境。若是你能提供建议让大家尽全力发挥，就等于创造了让他们追求卓越的环境。这同样会鼓励合作，而非引起对抗。

6. 如何激励他人追求成功

赞美对方的长处，不要批评他们的缺点，这是鼓励和影响他人的积极做法。不论长期还是短期，这样做都能收到显著效果。真心实意地赞美每一点进步，受你赞美的人会在你眼前发生积极的变化，一个人的一生说不定会因区区几句赞美而改变。

当你想批评别人的失败时，不妨试试真心实意地赞美他在其他方面的好表现，看看会得到什么样的结果。

7. **给人以好名声**

先给人定下一个好的名声，他们会尽力使自己名副其实。若你想要让人在某些方面有所改进，不妨表现得仿佛他已经做到了这点。

8. **让错误看起来很容易改正**

别人失败时，你该鼓励他，这能让错误看起来比较容易改正。

慷慨地鼓励他人，这能让事情看起来不那么棘手，也能让对方知道你对他有信心，他还有尚未发挥的才干。如此一来，他就会从早到晚勤奋不懈，一心只求出人头地。

9. **让人心甘情愿地采纳你的建议**

若是你总能找出方法让对方乐于按你的建议行事，就能收到更好的效果。有时候这需要技巧。比如，你若无法满足某些人的要求，可以试着帮他们找到其他人帮忙以减轻他们的不开心。此时，你可以运用下列原则：

◎诚恳——不要答应你办不到或不愿做

的事。

◎确定你希望对方做什么。

◎要有同理心，设身处地为人着想。

◎考虑对方能得到的真正利益。

◎考虑这些利益是否符合对方的需求。

◎提出要求时，生动准确地说明对方能够获得什么利益。

专家解读

一位医师眼中的人际关系

文/郑慧正

有关人际关系的理论很多，通常这些理论看起来都很容易，却不容易真正做到，《人性的弱点》阐述的道理也是一样。而且我个人认为，其中所列的这些关于人际关系的金科玉律只能说是最基本的人际关系原则。如果只是想达到卡耐基式训练的激励效果，那当然是没有问题。但更多时候，在实际的社会中，就算我们真的能照卡耐基所说的去做，也未必能够获得对方的回应或取得自己预期的结果，甚至有时情况还会更糟。毕竟，如果所有的状况都能靠这些简单的原则去处理，这世界上很多事情就真是太好办了。

我认为，由于人的个性不同，要执行文中所列的人际关系准则的难易度也会有所差别。我认为自己是一个较偏向左脑思考的人，比较重视逻辑思考，因此对很多事情会有对错、好坏的判断。如果我对一个意见不认同，通常会在第一时间就指出来，这是急性子使然。别人或许会以为受到了我的批评，但实际上我只是就事论事，而且讲过以后就算了，不会计较什么。我的个性也不善于主动对别人说好听的话。但另一方面，有些人可能不容易做到的部分，对我而言却并不困难，例如我做错了什么事，一定会立刻认错。

1. 灵活运用人际关系准则

我认为若是将文中的理论运用在日常生活中，应该还不会出现什么问题，因为日常生活谈话的内容多半比较“柔软”，主要是在联系情谊。但是在职场上，目的是将任务顺利执行，会有纪律、决策与效率的要求，此时类似“胡萝卜加大棒”的赏罚制度往往有其存在的必要性。通常在会议室里，为了某些事情大家可能会大声争执，我甚至知道有很多企业文化本身就鼓励冲突，因为冲突往往能激发创意。我认为，为了要把事情做好，某些冲突是不可避免的，但是走出会议室，回到日常生活，如果还维持同样的沟通方式，显然会出问题，也行不通了。因此，我觉得维系人际关系的方式会随所处的环境、企业文化和扮演角色的不同而有所差异。文中的金科玉律就像是最基本的蛋糕胚，上面总还得视情况加上不同的奶油和巧克力才行。

我必须承认，像我这种重条理、就事论事的个性，比较适合扮演幕僚的角色，而不适合做老板。做老板的人，不必会做事，但是要会做人。会做事的人追求的是事情的正确性，有时难免会太直接、太清楚；但会做人的人要能兼容并蓄。会做事的人侧重 IQ，但会做人的人更需要的是 EQ。做人其实比做事难，但由于个性使然，很多事也勉强不来。

2. 以患者利益为沟通基础

我一手创立了荣民总医院的荣科医学影像中心，这是台湾地区第一个在医院内推出主题式

VIP体检的单位，也是第一个将核磁共振用于普通体检者身上的单位。仅靠口口相传，开办三年多的荣科医学影像中心就积累了八九千的客户，其中不乏政商名流，中心的工作表更是已经排到了三个月以后。很多人难免认为我的人际关系一定非常成功，才能取得这样的事业成就。但我认为，中心的成功与天时、地利及人和分不开。如果真要仔细分析，我认为很大部分原因在于进行任何谈判时，我首先会站在对方的利益上去想事情。

就以荣科中心的成立来说，过去由于操作核磁共振的机器价格昂贵，该技术多用在已经罹患癌症的病人身上。但后来，我直接飞往德国找到机器的制造商，并在一开始就说了一个向非洲人卖鞋子的故事。故事是这样的：有一个鞋子贸易商派了两名业务员到非洲考察市场，其中一名业务员到了非洲后传回来的消息是，非洲不可能有市场，因为每个人都不穿鞋子；但另一名业务员传回来的消息却是，非洲的市场潜力无穷，因为天气这么热、地面这么热，大家都还没有穿鞋子，将来他们每个人都一定会向我买鞋子。

就像Swatch为手表进行了全新的定位，从此改变了人们对手表的看法，手表从一个计时器变成了装饰品。有时只要市场的定位改变，市场就会突然变得无限大。同样，这也是荣科创立之初我的主要工作，我必须使相关的所有人相信：只要转个方向，我们可以从台湾10％的病人市场，转向90％的健康人市场。如今三年时间过去了，我们成功了。我不认为荣科的成立与我个人的人际关系有绝对的关联，但我认为我确实是一个蛮会说故事的人，我很擅长将深奥的医学知识转化成大家容易理解的故事。可能也是因为这样，大家比较容易接受我的想法吧。

3. 医患关系只能靠关心

面对许多前来中心体检的政商名流，我是如何维系关系的？我想我只是回到最基本的、对人的关心上，将我与这些 VIP 客人的关系简单化。我绝对不会要求这些名人介绍客人来荣科体检，我觉得这会造成角色的错乱，也会让客人感到不舒服。就像曾经有位解剖医生说过，当手术刀切下时，你会发现白种人、黑种人、黄种人的皮下半厘米都一样，所有的人都是上帝的子女。

同样，来这里体检的客人也都一样，有钱没钱都是我的客人，只要能协助他们的我都尽量去做。因此，我会做到据实向客人介绍他们真正需要的体检，我绝对不会去推销不适合他们或者还不必要做的昂贵体检。在检查后如果发现客人真的出现某些病征，我们也会很小心地顾及病人和家属的心理感受，且主动帮他们安排转至门诊部门的手续，通常这会让客人在转诊时备感安心。而对于某些疾病的高危人群，我们还会不定期地追踪复诊，希望能完全掌握客人的健康状况。这和坊间的电话推销有很大的不同，客人真的能感受到荣科对他们的关心。很多事情若从病人的最佳利益角度去考虑，而避免从个人利益的立场出发，就会比较容易达成双赢的局面，毕竟很多事情要靠大家一起努力才能成功。

4. 家人关系更需用心经营

当然，我也必须承认，在医患关系中，病人对医生通常是充满了信任，因此医生对整体情况往往比较容易掌握，而且处理起来游刃有余。但当面对家人时，由于彼此再熟悉不过，关系的处理反而会复杂些。因此，虽然医生的工作非常忙碌，但无论如何，一天下来我总会拨出一个小时左右的时间和太太聊聊天，分享一下一天的工作心得。而每隔一两个星期，我们还会找个地方喝喝咖啡，结婚十七年来都是如此，借此增加我们之间的交流与情感。虽然我的太太也是医生，很能理解我工作的忙碌，但是我认为与家人经常性的互动是必须重视的。

此外，我个人非常喜欢旅游，旅游可以让我见识到不同的东西、认识不同的人并产生不同的想法。如在印度，人们走进庙时会袒露上身，借此表达对神的敬意；犹太教徒就一定会在头上戴顶小帽子，因为举头三尺有神明。由于地域环境和文化背景不同，不同地方的人选择以不同的方式来表达他们对神明共同的敬意。这些知识和体验让我更懂得尊重每个人表达意见的方式，并看到表达方式背后的本意。我相信能尊重别人表达意见的自由对于增进彼此间的关系一定会有极大的助益。

最后我想说的是，身为一个医生，我有比一般人更多的能力去照顾别人，对此我非常感谢上帝对我的恩赐。

作者简介

郑慧正，台湾阳明医学院医学博士，兼任阳明大学放射线科副教授、和信治癌中心主治医师。现为荣科医学影像中心主任医师，台北荣民总医院放射线部特约医师。专攻核磁共振影像检查和消化系统放射科。

26 铁则打造强大人际关系

Power Relationships

26 Irrefutable Laws for Building Extraordinary Relationships

原著作者简介

安德鲁·索贝尔（Andrew Sobel），企管顾问兼高级主管培训师，擅长处理客户关系。客户包括许多世界一流企业，如花旗集团、高知特公司、安永会计师事务所。文章散见于《纽约时报》《商业周刊》《哈佛商业评论》等报纸杂志。著有多本畅销书，被翻译成十余种语言。毕业于美国明德学院和达特茅斯学院。

杰罗尔德·帕纳斯（Jerold Panas），一流的募款人，Jerold Panas，Linzy&Partners 募款顾问公司 CEO。该公司成立于 1968 年，已为超过 3500 家机构募集了 110 多亿美元资金，也为一些组织提供咨询服务，如牛津大学和巴黎美国医院。杰罗尔德同时也是知名作家，著有（含合著）15 册书。

本文编译：乐为良

主要内容

主题看板 | 成为彼此生命中的贵人/105

5分钟摘要 | 建立强大的人际关系/109

轻松读大师 |
一　与人结识/112
二　变得重要/124
三　产生共鸣/130
四　造成影响/141

主题看板

成为彼此生命中的贵人

人际关系是事业、家庭、友谊的重要基础。如果你可以找到方法结识他人、与之产生共鸣，继而对其行为造成影响，你就能成功建立起强大的人际关系，你与对方亦能成为彼此生命中的贵人。

比尔是一家知名企业的合伙人。他聪明、亲切，而且出身名校。过去，他与客户的关系不好也不坏。但近两年，一个契机让比尔成为公司里能呼风唤雨的重要人物。他回忆起这段往事时说：

“我之前在纽约有个客户，他是一家大型跨国企业的区域经理，我一年大约拜访他 3 次。有一次，在我离开他办公室的时候，他的助理黛柏拉叫住了我，并且把我拉到一边。我当时一手拿着公文包，一手拿着刚刚使用的商务资料。黛柏拉对我说：‘你知道吗？我们老板真的很喜欢和你谈话，你应该要更常来。’我说：‘我很高兴他喜欢跟我谈话，我会定期来访，而且每次都会作充足准备。’我晃了一下手中厚重的资料。黛柏拉压低嗓音告诉我：‘你的竞争对手比你更常来。’我对她说：‘谢谢你的信息。但是我真心觉得我们关系很紧密，我为他提供许多第一手的分析资料。’我再次晃动手中的资料。说完黛柏拉向我贴近，像是要分享什么天大的秘密，轻声说道：‘我一定要告诉你，我的老板跟我说过，他觉得听你那些商务简报是为了跟你愉快谈话不得不付出的代价！’

“那一刻，我真的呆住了。我仔细思索我的简报，针对这个情况深刻反省，然后决定改变我和这位经理人的互动方式。我开始更常去拜访他，会面方式也变得更随兴、更私人——有时一起用餐，偶尔早上喝杯咖啡。

“我也开始了解更多他的私人计划，包括他的人生目标和雄心壮志。因为碰面次数增加，我掌握了更多他日常生活中发生的事，对于他每天面对的挑战能够贡献更多价值。这位经理人也开始将我视为他企业发展策略的贡献者，而不只是会进行经营分析的业务员。我依然会预先准备我们之间的谈话内容，但不一定有商务资料。我们讨论的内容变得更宽广，相处得更愉快。两年内，他成为我们公司最大的营业收入来源。从此我不再使用之前对待客户的方法——罗列一堆事实和数字。事实和数字固然重要，但却无法帮你打造最有力的人际关系。”

许多人想要处理好人际关系，却完全用错了方法。比尔的故事与索贝尔和帕纳斯综合多方面的研究得出的结论不谋而合，即在你与客户、同事及朋友之间，存在着强大却隐而未显的铁则决定了你们的关系是否牢固。这些源自信任、忠诚、尊重和慷慨的铁则，放之四海而皆准。

诚如索贝尔和帕纳斯所言，在现在这个世界上，要与人接触很容易，要建立持久的人际关系却很难。只要你遵守这些铁则，你的人际关系就会迅速成长，你就会被顾客视为可以信任的伙伴，而且你会发现，周遭的人迫不及待地想帮助你成功，你们会成为彼此生命中的贵人。一旦你忽略它们，就只能自取其咎。现在就开始身体力行这些铁则吧。

5分钟摘要

建立强大的人际关系

在当今世界，与外界建立联系看似容易——不论我们想找谁几乎都能找到。但事实上，我们比以往更难引起别人的关注，想建立实质性的关系并非易事。

要建立人际关系，你通常必须提出四个问题，这四个问题分别是：

◎我要怎样与人结识和交往？

◎我要怎样才能变得举足轻重？

◎我要怎样才能与人建立深厚的交情？

◎我要怎样才能拥有持久的影响力？

如果你可以找到方法结识他人、变得举足轻重、彼此产生共鸣，进而对别人的行为造成影响，你就能成功建立起强大的人际关系。要想做到上述四点，26 项铁则正可以派上用场，这 26

项铁则分别是：

一 与人结识

1. 展开精彩的对话
2. 不要害怕提问
3. 追随那个人，而不是他的地位
4. 与不一样的人共事
5. 用信任换取信任
6. 引发别人的好奇心
7. 知道该问什么问题
8. 未雨绸缪建立人脉

二 变得重要

9. 知道对方想做什么
10. 设身处地为别人着想
11. 像对待现有客户一般对待潜在客户
12. 帮助客户增加获利
13. 拥有一小群相信你的人

三 产生共鸣

14. 记住品德至上
15. 不要因为出师不利就放弃
16. 改变环境来建立关系
17. 表现出脆弱的一面
18. 热情会传染
19. 给予由衷的肯定与赞赏

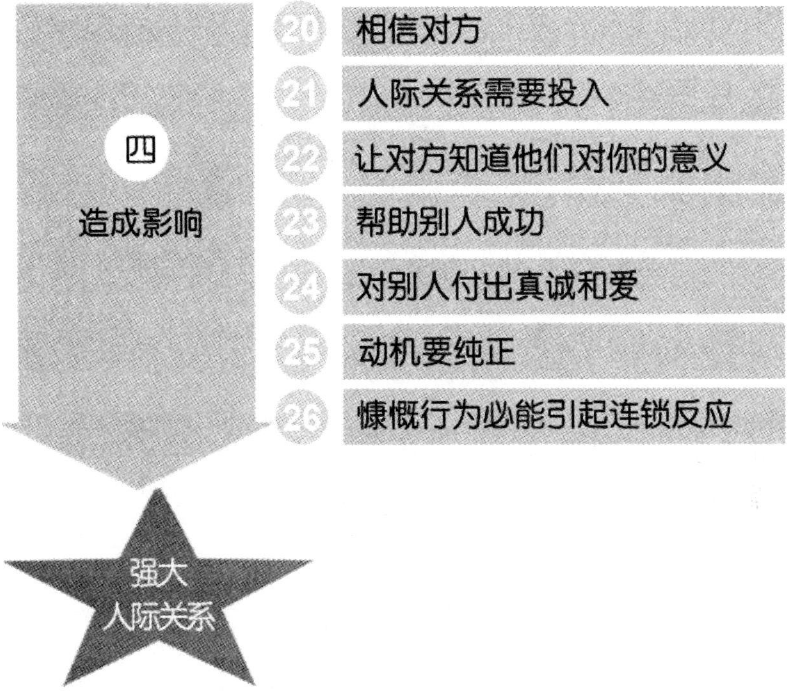
四
造成影响
20 相信对方
21 人际关系需要投入
22 让对方知道他们对你的意义
23 帮助别人成功
24 对别人付出真诚和爱
25 动机要纯正
26 慷慨行为必能引起连锁反应
强大
人际关系

一　与人结识

现在这个世界，每个人都很忙。想要与人结交以建立强大的人际关系，你必须运用 8 项强大铁则。

铁则 1　展开精彩的对话

要与对方建立强大的人际关系，必须进行双向沟通，而不是炫耀自己懂得多少。一定要克制想要自我炫耀的冲动，并把每次的交谈变成有来有往的对话。为此，你可以这么做：

◎常常暂停一下去听别人怎么说，然后回应他们的问题。

◎每隔一段时间便问聆听者“这件事你觉得如何”或“你有什么看法”。

◎了解实际情况——暂停发言并问：“从你的角度来看，我们现在应该谈论的最重要的问题是什么?”

铁则 2　不要害怕提问

如果你有胆识，那么你能达到的成就是你无法想象的。如果你想结交某位优秀的名人，就去尝试一下。即使失败又能有什么损失呢?以下是尝试的方法：

◎列出你想结交的人士的名单，并说明为什么这些人可能帮得上忙。

◎查清楚他们是否有博客或者加入了其他社交网站，浏览他们的帖子并留言。

◎试着打电话或发电子邮件给他们，提及一些令他们感到自豪的事，并赞扬他们的成就。

◎要坚持，但不要纠缠不休，也不要像个跟踪狂一样让人讨厌。

◎如果你有幸被接受了，作好准备，充分利用你的开场白。事前先想好怎样开口。

关键思维

通过精彩的对话建立起牢固的关系，而不是靠一直告诉别人自己有多懂。

——安德鲁·索贝尔
杰罗尔德·帕纳斯

名望、财富和权势会在你和你想认识的人之间设下一道看似不可逾越的鸿沟。你所要做的就是先跨出第一步，然后经年累月地培养你们的关系。

——安德鲁·索贝尔
杰罗尔德·帕纳斯

铁则3　追随那个人，而不是他的地位

不要等到某个人坐到高位才开始尝试与他建立关系。相反，现在就要和你熟识的人里面非常能干且有雄心的人建立关系。去认识这些干劲十足、前途光明的人，追踪他们整个职业生涯的发展。

要想与闪亮的明日之星建立关系，你需要：

◎保持联系，定期向他们寄送一些他们可能喜欢的点子、建议和文章。

◎把自己的重要人脉介绍给他们，并帮助他们建立自己的人脉。

◎如果合适，就向他们提供职业生涯方面的建议，或帮助他们融入新工作和新环境。

◎邀请他们参加彼此都喜欢的体育或文化活动。

铁则 4　与不一样的人共事

坦白说，与最不可能的人结交可能会改变你的人生。有鉴于此，你应该有意识地去寻找与你完全不同的人，并且致力于与他们建立关系。苹果公司的两位创办人——史蒂夫·乔布斯和斯蒂芬·沃兹尼亚克就是最好的例子。沃兹尼亚克拥有特殊的技能，而乔布斯是营销方面的绝顶天才。通过合作，他们取得了远超二人各自为战可能取得的成就，打下了建立伟大公司的基础。互补的人结合起来，常会产生这种结果。

要结交来自不同背景的人，你需要：

◎列出一份清单，找出在生活或工作中很成功但你一开始并不倾向于结交的对象。

◎再列出一份清单，找出“会把你逼疯的人”，思考为什么你想要远离这类人。

◎从两份清单中找出一些有趣的人，用你自己的方式与他们对话。了解他们的动力是什么，他们的志趣是什么。

关键思维

去找与你不一样的人建立关系。可能的话，去找观点、习惯或个性相差甚远的人。差异可以造成有益的张力，激发点子，改变现状。

——安德鲁·索贝尔

杰罗尔德·帕纳斯

铁则 5　用信任换取信任

在家庭或工作中处理任何事情时，如果你一开始便认定对方心存善意，就能建立较好的关系。换言之，如果你毫无保留地信任别人，通常人们也会以相同的态度回报你，更加信任你。

如果你认定客户都想要压低你的价格、剥削你，那么你自己的行为便会反映和强化那种缺乏信任的感觉。在销售过程中，你会吝于分享想法和价值，你会在不经意间让客户的态度变得强硬。如果你采取不信任的态度，将无法营造健康的关系。

以下是在人际关系中注入更多信任的方法：

◎评估风险。通常你会发现，信任别人的坏处很少且微不足道。

◎了解信任的本质其实就是你相信对方会尊重你的利益并以符合你的期望的方式行事。如果他们看起来有能力、有道德，并且好像致力于以某种方式帮你增加价值，他们就值得你信赖。

◎始终认定别人心怀善意，除非你能证明事

实并非如此。

◎扩大信任，但定期检查他们是否会占你的便宜。

◎注意信任一定是通过行为而不是话语来建立的。每天做一点，证明你是信赖对方的。

铁则 6　引发别人的好奇心

与人建立新关系的最佳途径是让他们对某个你知道的东西感到好奇。如果你能做到这点，便可以形成强大的吸引力，促使他们采取下一步行动，主动找上你以便了解更多。具体做法是：

◎养成习惯告诉人们他们需要知道的事，而不是你知道的事。如果你能提供简短的回答和暗示，他们会持续关注你所说的每个字，而不会感到无聊和不耐烦。

◎发掘相反或不寻常的角度，努力成为对事物有新鲜观点的人。

◎说些意想不到的事。例如，不要吹嘘自己的成就，而是表示你够幸运，指出周围都是很棒的人，他们帮你渡过难关。这种心态令人耳目一新。

◎勇于提出具有启发性的问题。如果每个人都告诉你他们如何做事，那就问他们为什么要这么做。

◎告诉他人你在做什么以及得到哪些结论（这样做很有趣），而不是你活动的所有细节（这样做令人觉得乏味且无聊）。

铁则 7　知道该问什么问题

要展开精彩的对话，并借此建立强大的人际关系，你必须学习如何提出发人深省的问题。深思熟虑的问题可以把焦点转移到对方身上，帮你了解他们想做些什么，并且确保你在谈论正确的议题，而不是在东拉西扯。

你应该试着问些大胆和有见地的问题，例如：

◎“现在最让你感到兴奋的是什么？”

◎“你个人对这件事的看法如何？”

◎“你在考虑哪些选项？你想要获得更多选

项，还是希望人们帮你根据既有的选项作决定？”

◎“接下来的 10 分钟，你和我应该讨论的最重要的事情是什么？”

◎“为什么你的公司想要做目前正在计划的事？”

◎“你认为你的计划足够周全了吗？”

◎“我有许多客户此刻正在努力解决这两个问题，您有哪些经验？”

◎“你的职业生涯是如何开始的？”

◎“我可能理解错了，你介意我们重新来吗？”

关键思维

你可以从一个人的回答中看出他是否聪明，然后从一个人的提问中看出他是否有智慧。

——纳吉布·马哈福兹

诺贝尔文学奖得主

提出经过深思熟虑的问题是你探索客户业务上的挑战，以及尝试了解他们时最宝贵的工具。

当你针对对方可能存在的困难或机会提出问题和解决方案时，客户就会认识到你能为他们做些什么。

——安德鲁·索贝尔
杰罗尔德·帕纳斯

要建立人际关系，你必须了解对方，而他们也必须更加了解你。做到这点的最佳工具是提出经过深思熟虑的问题。

——安德鲁·索贝尔
杰罗尔德·帕纳斯

铁则 8　未雨绸缪建立人脉

如果你够聪明，就会事先投入时间和精力，为自己建立强大的人脉，培养你的人际关系。到了要动用人脉时，你早已打好基础。要实现这一点，做法如下。

首先，把自己的人脉分为三类：

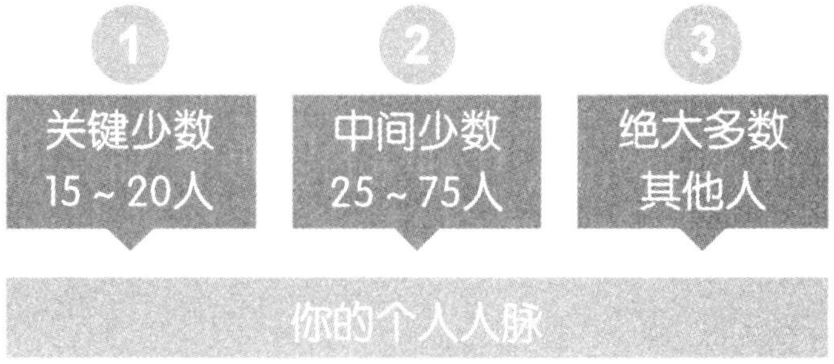

然后替每一类人脉拟订一项保持联系的计划，可以下列方法为基础：

◎每年至少与“关键少数”里的人交谈2～3次。投入一些时间和精力去了解他们的需求。

◎定期联系“中间少数”里的人，或在发生任何重大事件时这么做。一年写一次信、发一封电子邮件或打一通电话给这个群组里的每个人。

◎通过博客、转发文章或电子期刊与“绝大多数”保持联系。

每年检查1～2遍名片盒或联络资料，挑出你需要重新联系的人，着手以某种方式与他们取得联系。

始终留心寻找方法，鼓励和帮助你人际关系

网中的人做他们想做的事。

关键思维

如果潜在客户认识你，而且认为你帮得上忙，他们会比较愿意与你见面。当你想讨论业务时，会得到比较热情的接待。

——安德鲁·索贝尔
杰罗尔德·帕纳斯

二　变得重要

与某人第一次会面很难，事后要继续会面更是难上加难。做到这点的唯一方法就是，你可以在他们获取利益、满足需求和达到目标方面贡献价值。有 5 项铁则可以检验你是否有举足轻重的地位。

铁则 9　知道对方想做什么

建立强大人际关系的起点必然是了解对方要做什么。一旦知道了，就可以努力帮助他们寻找向前迈进的机会。找到的机会愈多，你对他们就愈重要。方法很简单：

◎设法得知对方最重要的 3 个或最多 5 个优先事项。

◎不但要留意他们的工作计划，还要知道他们的个人计划以及他们重视什么。

◎习惯性地提出一些能引出上述计划的问题。例如你可以问：

- “今年年底，你会得到怎样的考评结果？”
- “你希望完成哪些主要目标？”
- “你在寻找哪种新功能？”
- “你将参与哪些计划？”
- “哪个项目最让你感到兴奋？”

铁则 10　设身处地为别人着想

如果你能够也愿意替对方着想，你在事业和生活上都会有较好的人际关系。如果你能从他们的角度看事情，并且熟悉他们面临的压力，他们会认为你热心参与并且值得信赖，因为你在帮助他们成功。

一些可能帮得上忙的做法如下：

◎在互动时总是试着体会他们的处境，同时想象他们在想什么。

◎试着说些和做些让他们宽心的事，并让他们稍微放松。

◎不要一味劝说他们，而是去体会他们的感受和担忧。

◎引导他们得出正确的结论，而不是把想法强加给对方。

◎确定你所说的话最符合他们的利益，而不是你的利益。

关键思维

只要对方的计划符合你的价值观和道德理念，则该计划就是你建立人际关系的正确指引。它是你贡献价值的起点，你要知道对方的计划，并帮助他们完成。

——安德鲁·索贝尔

杰罗尔德·帕纳斯

铁则 11 像对待现有客户一般对待潜在客户

如果你可以像对待现有客户一样对待潜在客户，他们就能看清到底是怎么回事。如果你持续贡献价值，便能让他们印象深刻，这比你试着说任何话或做其他任何事都有说服力。

对于现有客户，你可能要：

◎定期与他们会面，向他们提供新点子。

◎分享你的见解并使它成为新的商机。

◎将你的人脉介绍给对方。

◎邀请他们参加你赞助的研讨会。

◎关心他们的慈善工作。

如果你对潜在客户一视同仁，那就关注他们，向他们提供有价值的点子。他们会开始信任你，最后会想与你做生意，这是很理想的情况。

铁则 12　帮助客户增加获利

如果你可以成为客户成长方案中不可或缺的一部分，并提供点子让他们增加获利，他们绝对不会放弃你。他们不会把你当作必须应付的开销，而是会把你视为不可轻易取代的宝贵资源。

有五个关键做法可以帮助你创造这种局面：

◎始终把你所有提议的焦点放在帮助客户增

加获利上，明确表示这就是你的目标。

◎唯有知道客户希望达到什么目标，你才帮得上忙，因此投入时间赶快去了解吧。

◎了解客户的个人计划，明白成长对他们的意义是什么。

◎总是与客户谈论价值。强调你的点子，而不是你的方法会带来的影响。

◎将自己的角色定位成帮客户赚钱，而不只是承接项目或完成订单。

铁则 13　拥有一小群相信你的人

谈到利害关系时，必然是质胜于量。有一小群相信你、愿意陪你赴汤蹈火的忠诚分子，远胜过有成千上万随意说说的“追随者”或“朋友”。

致力于与下列这些人深化关系：

◎少数关键客户和顾客。

◎能促使事情发生的人。

◎拥有第一手见识的同行和同事。

◎可以愉快合作的人。

◎宝贵资源的提供者。

◎顾问、导师和参谋。

◎家人和朋友。

关键思维

没有人真心想成为被推销的对象。这就是为什么最好的销售人员将潜在客户和现有客户同等对待。他们投入心力去得知潜在顾客的业务，带给高级主管新点子以及有价值的市场信息。像对待现有客户一样对待潜在客户，潜在客户就很有可能成为你的真正客户。

——安德鲁·索贝尔

杰罗尔德·帕纳斯

三　产生共鸣

与人结识，并且因为贡献价值使自己变得举足轻重之后，若要再往前推进，除了职业层面，你必须在个人层面上与对方产生共鸣。要建立人际关系，就要建立深刻的情感联系。

铁则 14　记住品德至上

在事业和生活上，品德就是一切。品德为强大的人际关系奠定坚实基础，缺乏良好品德会让你做任何事都徒劳无功。实际上，如果人们觉得无法信任你、依赖你，你就不可能会有扎实而活跃的人际关系。

一定要牢记，品德的形成需要多年的积累，但有可能毁于一旦。每次你拒绝做有损品德的事，你的品德就会变得更高尚。当你真诚待人、说到做到时，你便在人际关系中展现了你的品德。当你开始相信为达目的可以不择手段，或是开始抄小路并期盼因为好意就能免责的时候，你的品德便面临险境。

千万不要跨越道德界线，抗拒那种你明知不对却想要为之的冲动，拒绝“下不为例”或“大家都这么做”的托词。让品德成为你人际关系的靠山，帮助你一切顺利，它会成为你最强大的武器。

关键思维

品德就是无论你处在顺境还是逆境，都始终如一地坚守一套无懈可击的信念和原则。在人际关系方面，品德指的就是诚实、言行一致和可靠。

——安德鲁·索贝尔
杰罗尔德·帕纳斯

铁则 15　不要因为出师不利就放弃

大家都说留下难忘的第一印象非常重要，但在现实世界中，有时候最强大的人际关系在建立之初并不顺利。如果你发现你的处境正是如此，那么请设法找出清水变鸡汤的方法。

由亨弗莱·鲍嘉和凯瑟琳·赫本主演的《非洲女王号》是史上最有名的电影之一。鲍嘉饰演小江轮的船长，嗜酒如命、愤世嫉俗。赫本是卫理公会的传教士，她的村庄在第一次世界大战中被德军摧毁。鲍嘉和赫本初见面时水火不相容，但最后成功炸毁德国炮舰，并在该过程中坠入爱河。

同样，有时候一个尴尬的开始最后可能发展成非常牢固的关系，尝试做到这件事的方法如下：

◎随时保持积极正面的态度——在初次互动时，多注意对方让你喜欢的地方。

◎不要逃避问题，要去分析为什么你不喜欢对方——是因为他的个人特质、他与你的背景不同，还是因为他态度不冷不热，等等。

◎建立共识——如果你继续提问，迟早会找到联系双方的纽带，强调并设法延伸和强化这些纽带。

基本原理是，如果你能找到与某人的共同点，便可以提升双方的关系。如果你与某人一开始交往不顺，不管出于什么原因，不一定要就此打住。你未来还是可以与这个人建立良好的合作关系，只要你能从这个人身上找到一些可以让你们产生共鸣的因素。

关键思维

人们很少在第一次拜访客户时就完成销售。有时在成交前，你要花数月甚至数年才能建立起关系。除了宣扬你提供的价值和影响外，也要去找找你与客户在个人层面的共同点。

——安德鲁·索贝尔

杰罗尔德·帕纳斯

铁则 16　改变环境来建立关系

如果你想与一位新朋友建立深厚交情，试着让他离开办公室，和你一起去别的地方。在我们的工作和生活当中，我们总是与最重要的人一起做新鲜、不同的事。如果你们可以一起分享有趣的经验，就可以为未来一起共事奠定很好的基础。

有些公司会带员工去乡野度假村，培养更坚固的团队精神。与你生活圈外的某个人做些不同的事，也会有同样的效果。你们共享的经历愈特别，你们的关系就愈深刻。

那么你要怎么做呢？建议如下：

◎邀请几位客户参加产业会议，并花些时间陪他们考察。

◎以共同兴趣为主题，另外举办场外活动。

◎邀请他们参观你的公司。

◎把钱花在令人难忘的共同经历上，和他们走出去一起做些新鲜事。

◎与家人去从未去过的地方度假。

◎在你居住的城市度假——每天探索家乡的新风貌。

关键思维

当你与某个人去不同的地方，一起在新的环境中共处，你会有什么样的体验？也许你可以带某位客户到某个不是你俩居住地的城市参加研讨会，并且花数小时共进晚餐。你们会更了解对方，你们会谈到一些平常不会说的事，你们之间的关系增强、加深和拉长了。就算花再多时间与客户待在办公室里，也不可能有相同的效果。

——安德鲁·索贝尔
杰罗尔德·帕纳斯

如果你希望同事帮你，你就必须帮助他们。要做到这点，你必须了解他们的优先事项和需求。你花时间去发现那些是什么了吗？

——安德鲁·索贝尔
杰罗尔德·帕纳斯

铁则 17　表现出脆弱的一面

虽然这听起来有点违反直觉，但有时加强人际关系的最好办法就是开诚布公地承认自己脆弱的一面。事实很简单，人们就是想知道真实的情况，因此很乐意听你公开谈论自己在哪些方面比较脆弱。

表现出脆弱的一面并不意味着你必须情绪失控或自觉难以胜任，它有更广泛的含义。采用以下方法，你就可以表现出自己脆弱的一面：

◎对事情最后的结果表示抱歉。

◎承认自己错了。

◎同情他人。

◎请求他人的帮助。

◎分享对一个重要问题的感受。

◎真心称赞对方。

◎征求他人的意见。

◎自嘲。

◎分享自己的问题。

◎视情况需要表达惋惜之情。

◎感谢其他人对你项目成功作出的贡献。

要想通过暴露脆弱的一面与人建立关系，最佳做法很可能是谈话时多侧重于你在帮助别人成功时所做的努力。很显然，如果你这么做，人们一定会喜欢。不论如何，真心实意畅谈你正如何尽力让他们成功，他们会牢记在心。如果你这么做，他们会急于增进你们之间的关系。

关键思维

情感上的脆弱能让关系变得更加亲密。无论你是男还是女，承认情感上的脆弱都可能让你感到不安。让我澄清一下，情感脆弱并不意味着要让人觉得你有多么软弱，而是指分享情感并与对方建立情感上的共鸣，它指的是坦诚相待。承认自己的脆弱可能是引起情感共鸣的一环，但不是主要推力。

——安德鲁·索贝尔

杰罗尔德·帕纳斯

铁则 18　热情会传染

在六种情境中，热情非常有价值和实用：

◎在与客户会面时，要对自己提供的东西感到兴奋。这是他们最在意的一点，所以你要营造出正确的氛围。

◎在进行工作面试或争取任何事物时，要毫无保留地展现你的热情。同样，热情会让你脱颖而出。

◎与员工交谈时，表现出你的使命感和对组织策略的热情，这有利于引导和启发他们。

◎如果与你见面的人情绪低落，请在你们的讨论中注入热情。这会鼓励他们，甚至有机会激励他们坚持下去。

◎早晨醒来时，第一件事就是来一剂热情，它的威力不可思议。每天早上都找出可以激发你热情的事。

◎在社交圈中与人互动时，拿出些热情。如果对方认为你精力充沛，而不是牢骚满腹，你就会有吸引人的光环，人们会找机会与你合作。一切始于热情。

关键思维

热情是个很棒的字眼……你个人的热情会影响身边的每个人，让人想与你建立关系。你付出的热情愈多，传播得愈远，回报也就愈多。热情会传染，开始引发潮流吧。

——安德鲁·索贝尔
杰罗尔德·帕纳斯

铁则 19　给予由衷的肯定与赞赏

销售人员最想要的东西，无疑就是对他个人的肯定及由衷的赞美。向他们表明你在乎并欣赏他们的努力，这样他们未来真的会为了创造更多业绩而赴汤蹈火。

那么在商业环境下该怎么做呢？有六个策略可供使用：

◎赞美要及时——行为和肯定之间的时间隔

得愈久，效果愈弱。要立刻赞美。

◎找出做对事的人——与其找出错误加以指责，不如留意谁做对了事并予以赞扬。

◎赞美正确的事——不能只赞美最后的胜出者，还要赞美同仁的坚持。避免陈词滥调，要由衷赞美。

◎赞美要具体——如果你说“做得好”，他们会觉得不错。但是如果你具体表明在赞美什么，他们会觉得更好。

◎亲自赞美——赞美时，一张亲手写的便条一定胜过电子邮件，当面称赞更好。要做就做到最好。

◎不要夹带批评——如果你的赞美里掺杂着改进的建议，肯定就会失效。避免这样做。

四　造成影响

尽管人们对物质的追捧会逐渐消退，但你建立的关系和你肩负的使命却会成为永久的财产。留下鼓舞人们奋发向上的宝贵财产，人们将会对你永志不忘。

铁则 20　相信对方

如果你真的想改变事业上的伙伴，告诉他们你相信他们。全心全意这么做，且持之以恒，不要求任何回报，如此你便可以帮助他们实现最崇高的梦想。

甲壳虫乐队刚出道时，他们的经纪人布莱恩·爱普斯坦常告诉队员们，他们的成就将“更胜猫王”。他不仅自己相信，还逢人便说同样的话。最后，甲壳虫乐队售出的唱片超过 14 亿张，果然比猫王还多。

要想向别人表明你相信他们，你可以：

◎经常且很有说服力地表达自己的信念。

◎向他们提供指导和协助。

◎即使他们一时受挫，也一如既往地给予他们信任。

关键思维

一位史学家指出，历史上一些最有成就的人都是由非常相信他们的母亲带大的。这位史学家举例说，克林顿总统和麦克阿瑟将军都有这样的背景，慈善家安德鲁·卡耐基也是如此，许多其他人也一样。意外吗？但是很显然，他们的成功绝不仅仅是因为母亲而已。有人深信你，这才是难得且强大的资产。

——安德鲁·索贝尔

杰罗尔德·帕纳斯

铁则 21　人际关系需要投入

当你进行第一次销售拜访时，潜在客户表现得愈热情愈迫切，最后就愈不可能真的购买你的东西。这听起来或许很奇怪，但建立和维持严肃的商业交易离不开在经营人际关系方面的投入。

检查一下你是否正在这么做，问自己：

◎“我是否花了时间和精力去建立彼此信任的关系?”

◎“我对他们的目标是否足够了解，能明智有效地推进我们的关系吗?”

◎“他们有足够的时间了解我贡献的价值吗?”

◎“我有没有在正常作业中走捷径，以求加快事情的进展?”

◎“双方需要哪些额外信息才能往前推进?”

铁则 22　让对方知道他们对你的意义

工作繁忙时，人们非常容易忘记告诉最亲近的人，他们对自己有多重要。不要落入这个陷阱，只要有机会就要说出你的感谢。

做这件事的步骤相当清晰：

◎列出清单，其中包含至少5个曾帮助你事业发展的人。

◎记下你从清单上的人身上学到的2～3件事。

◎去找他们谈谈，单纯地感谢他们对你的指导，谈话内容要具体。

◎鼓励一起工作的人做同样的事。在工作中发起一项活动，让每个人谈论他们对导师和朋友的看法和感激。

铁则23　帮助别人成功

研究人员早就发现，利他行为有正面的影响，但是对于为什么它会有这样的作用，却一直无法给出明确结论。他们认为互惠的利他主义一直是文明社会的特质。他们也已经看到，帮助他人时，人们的自我感觉更好。

虽然这些研究结果很有趣，但事实上没有任何东西足以解释你想帮助人的动机。它是你与生俱来的一部分，你知道这样做是正确的。那么你要如何让这种行为更常发生呢?

◎不用等大好机遇——从小事做起，慢慢做起来。开个门、帮某人提包，或者在地铁上让座位，这一切都能产生正能量。

◎每天问同事："今天我能做些什么来帮助你完成手头上的工作?"迟早他们会知道你是诚心诚意的，会来找你帮忙。

◎尽量设法让自己参与重大项目，要愿意担任导师并参与其中。如果你乐意提供帮助，种种大好机会将应运而生，尽力去做吧。

关键思维

家父教导我，你应该随时设法帮助周围的人。总有一些事情是你可以做的，即使是件非常小的事，在你身旁总是有人会有需要。

——史蒂夫·菲佛

富布赖特·贾沃斯基律师事务所董事长

伟大的天分意味着巨大的责任。无论在工作上还是个人生活上，始终有机会去遵循这一铁则：总有一些事情是你可以做的，无论多么微小，它们让你可以帮助身边的人。

——安德鲁·索贝尔

杰罗尔德·帕纳斯

铁则 24　对别人付出真诚和爱

要在事业或生活上充分发挥潜力，你可能需要巧妙地融合真诚和爱。如果听到的全是别人批评自己做错了什么，你必然失去信心；同样，如果你听到的全是溢美之词，你永远不会努力去把事情做到最好。真诚与爱是实现梦想不可或缺的要素。

确实没有神奇的公式可以做到这点，但你可以牢记以下五个建议：

◎花点时间评估自己的一贯风格——弄清楚自己是常留意他人的错误，还是常留意他人做对了什么。

◎如果你像多数人一样，习惯于发现别人做错了事情，那么就每天花些时间刻意去做相反的事。四处走走，试着去发现别人做对的事，并且称赞他们。

◎看看与自己最亲近的人，判断此时他们是需要知道真相还是渴望得到关爱。对这件事要绝对坦诚，这样你才会知道是要多给他们一些鼓励还是体谅。

◎请记住，给建议时愈少愈好，太多意见会造成思维混乱和引发问题。在表达真诚和关爱时，先想好要做到什么程度。

◎如果你想让对方面对真相，先停顿一下，然后思考从他们的角度来看，事情是什么样子的。除非你明白他们这么做的动机，否则不要贸然行动。

铁则 25　动机要纯正

欧·亨利的《麦琪的礼物》是历久弥新的文学经典。在这篇短篇小说中，一对经济拮据的夫妻仔细考虑要送对方什么圣诞礼物。

德拉决定剪下长发卖掉，凑足钱为吉姆心爱的金表买条白金表链。另一边，吉姆则为了给德拉的长发买一把漂亮的玳瑁梳子，卖掉了自己的金表。当圣诞节到来时，两人都被对方做的事吓了一跳。这个故事的寓意诚如欧·亨利所写的："可以这么说，在所有送人礼物者当中，这对夫妇不愧是最有智慧的。"

在营造人际关系时，最强有力的催化剂就是单纯无私的动机。如果你基于正确的理由相信这种说法，建立强大的人际关系就容易多了。要测试自己在这方面做得如何，你可以问自己："我为什么要做这件事？"如果你的回答符合以下几个动机中的任何一个，你就可以相信自己做对了：

◎我这么做是因为我乐于助人，而不是因为金钱或其他回报。

◎我这么做是想树立榜样，鼓励其他人也这

么做。

◎我这么做是想让接受者终身难忘。

◎我这么做是为了塑造和磨炼自己的品格。

关键思维

最让你名声扫地的事可能就是一切只为自己打算。你是否与人分享别人应得的荣耀，或者愿意给别人超过你认为他们应得的功劳？（我们常常会高估自己的贡献）。

——安德鲁·索贝尔
杰罗尔德·帕纳斯

与心思单纯又无私奉献的人相处会让人心生激动。记住，无私的动机会形成强大的情感联系。

——安德鲁·索贝尔
杰罗尔德·帕纳斯

铁则 26　慷慨行为必能引起连锁反应

利他行为和慈善事业最了不起的地方就在于它们能引起众人参与的连锁反应。就像把一颗鹅卵石丢入池塘中，每个仁慈的行为都会形成一圈涟漪，向外扩散。

不可否认的事实是，慷慨行为会以奇特的方式触动人心。然而最重要的是，不只是引人注意的大动作才有这种效果，简单的善行也会产生同样的影响。一些建议如下：

◎给某人打电话，告诉他你想念他，想知道他的近况如何。聊一聊，鼓励他做些美好的事。

◎在排队时让别人排到你前面。不要不好意思，向他们招手吧。

◎下回在餐厅或商店时，对服务员或员工微笑，向他们问好。提醒自己要尊重他们。

◎面对符合自己价值观的事业，要慷慨大方，尽可能给予协助。研究显示，许多中低收入的美国人，比年收入 10 万美元以上的人，拿出更高比例的收入行善。

◎问自己："我这辈子为什么而活？"然后更专心地去做对你来说真正重要的事，不要被一些不相关的琐事干扰而分心。

关键思维

每个慷慨行为都会产生连锁反应。

——安德鲁·索贝尔

杰罗尔德·帕纳斯

做些美好的事，自会有人效仿。

——史怀哲，诺贝尔和平奖获得者

5＋50＋100 人脉活化术

How to Be a Power Connector

The 5＋50＋100 Rule for Turning Your Business Network into Profits

原著作者简介

朱迪·罗比内特（Judy Robinett），管理顾问公司 JRobinett Enterprises 创办人兼总裁，并且是活跃的公开演说家和人脉网络专家。她的“钛合金名片盒女士”称号广为人知。在超过 30 年的职业生涯中，她曾担任公营、私营企业的 CEO 和多家《财富》世界 500 强企业的管理职位，也曾任职于早期风险资本投资公司的顾问委员会。毕业于美国犹他州立大学。

本文编译：黄玩

主要内容

主题看板　贵人在精不在多，155 人刚刚好/157

轻松读大师
一　作好经营强力人脉的准备/161
二　找出对象，展开来往/172
三　再次联系，强化关系/180
四　把联络人彼此联结起来/189

主题看板

贵人在精不在多，155 人刚刚好

超过 89% 的高级经理人承认，私人及工作上的人脉对他们的事业有重大影响。既然你懂得在产品、市场方面制定策略，当然也要有一套经营人脉的策略，有效掌握这项无形资产将会发挥无限威力。

人脉很重要，商务人士也都明白制定策略对公司长期成功的重要性。那么，你怎能忘记经营人脉也需要一套清晰、可行的策略，它可能是你启动一切梦想的优先要务？

超级人脉专家朱迪·罗比内特认为，无论你想达成什么目标，你都需要别人的帮助。因为“在别人身上可以找到你需要的答案、交易、金钱、渠道、权力及影响力”。如果你结合自己的独特技能和才华，运用一套可行的方式打造和管理你的人脉，你就能运用“强力人脉网”产生的影响力，促进个人及事业上的成功。

1. 155 人足以营造最强人际关系

今日的成功商务人士烦恼的问题不是认识的人太少，而是认识的人太多。来自电子邮件、博客、脸书、推特的信息，以及各式各样的大小聚会、电话、短信从未间断，让人应接不暇。问题已不仅是你要如何广结人脉，更是你要如何发现及培养能帮助你成功的重要关系，让他们愿意接听你的电话，并在需要时拉你一把。

因此，你必须从策略的角度思考你需要什么样的关系、结交对象是谁、在哪里可以找到他们，以及如何快速与他们建立深刻关系。你的时间有限，你必须把时间花在最珍贵的关系上面。为密切来往的对象定员，这样你才有时间维持及深化这些关系。

有鉴于此，朱迪提出了“5＋50＋100 人脉活化术”来管理个人的策略性人脉。评估你目前的人际关系，决定谁属于“首要 5 人”“关键 50 人”和“重要 100 人”，确保为这个强力人脉网选出最佳人选。它会让你把握局势、变得有条理，让你的生活变得更简单却更有成效。

2. 每个人都需要别人的帮助

朱迪相信每个人都各有天赋，必须分享出来让世界更美好。然而她在 40 岁之前，在人群前仍时常感到害羞、怯懦，觉得自己不够可爱也不够聪明，主动接近陌生人让她很不自在。但是当她进入《财富》500 强企业工作的那一刻，她便深刻体会到商务的核心真理：一切都要靠关系。

她从最简单的自我介绍开始，强迫自己在各种场合主动和人说话，努力战胜恐惧和羞怯。不到一年时间，她建立了强力人脉，与许多成功的投资者、资金经理人、创投业者及创业家建立了联系。这也给了她离开《财富》500 强企业、开创个人事业的勇气。

如今她成为专门向天使投资人及一般投资者

介绍新创公司的顾问，并且受邀到学校开课及演讲，把数十年来努力经营强力人脉的经验分享给更多人。诚如她秉持的信念，每个人都有各自的天赋，也都有各自需要解决的问题。只要你用心去理解对方的天赋和问题，始终如一地去理解和贡献价值，你就可以为你的生活和工作营造出良好且深刻的人际关系。

轻松读大师

一　作好经营强力人脉的准备

要作好经营强力人脉的准备，你必须执行四个基本步骤：首先，树立强力人脉经营专家的心态；其次，弄清楚你能提供什么以及需要什么；之后用“5＋50＋100人脉活化术”评估当前的人脉网络；最后，创建计划将你的人脉网络尽可能扩大。

1. 树立强力人脉经营专家的心态

在你投入时间和精力成为强力人脉经营专家之前，你必须了解这件事的重要性。聪明的商务人士能比一般人成就更多事情，部分原因是他们与有影响力的人士建立了私人关系。而你发展人脉网络的主要目的，就是和未来那些能够帮你完成工作的人建立强健的关系。

你需要成为一位强力人脉经营专家并与他人

建立策略性的人际关系，这样做有如下具体的好处：

◎强化你的个人身份，使你与有影响力的人士有一定交集。

◎你的策略性人际关系就是你地位的标志，它证明着你对组织的价值。

◎你有接触决策者的渠道，并了解他们所知道的信息。

◎你会得到新的观点、新的技能以及发挥更多创意的机会。

◎你会得到助力——因为你有机会得到别人的帮助，所以可以完成更多。

◎你会扩大接触范围——由于拥有接触渠道，你可以在需要时联系他人。

◎你会得到更优质的机会——因为你和更多从事有趣工作的人建立了联系。

◎你让自身的人际关系价值倍增——因为你可以提供更多引荐。

◎你会提高自己的影响力和潜在作用——因为你可以和拥有更多资源的人建立联系。

◎你会拥有更高的可信度——因为你和大家都知道的成功人士交往。

◎你会拥有更多的力量——因为你和更有力的朋友建立了更好的联系。

◎你可以更早，甚至在信息尚未公开之前接触到机密信息，这种状况让你可以抢占先机。

你会和你亲近的朋友或盟友建立强劲的联结，但是强力人脉经营专家会优化你的薄弱联结，也就是巩固你只知其名但并没有真正私人交情的人脉。强力人脉经营专家会在个人和他们的人脉网络之间，创造优质的互动或联系。简而言之，强力人脉经营专家通过将最适当的人和最佳的资源放在一起创造价值，他们是以人脉网络为基础的撮合者。

当你身为一位强力人脉经营专家时，你的个人人脉网络愈多样，你能建立的关系就愈好。也就是说，如果你想创造机会成为强力人脉经营专家，你就必须努力认识很多与自己的经历和背景不同的人。

要成为杰出的强力人脉经营专家，你必须和下列人士互动：

◎不同意你的思考方式且会从不同角度看待问题的人。

◎和你兴趣爱好迥异的人。

◎和你住在不同地方的人。

◎和你个人背景或工作背景不同的人。

简而言之，你应该尝试创造由各领域内的有影响力人士构成的人脉网络。如果你能够对这类关键人物发挥强力人脉经营专家的作用，那么你创造的关系显然能够贡献价值。你将得以接触到自己完全不熟悉的资源、知识和关系，并借此创造大好机会。

关键思维

别管MBA学位了，要学习经营人脉。

——杰克·韦尔奇

通用电气公司前CEO

靠业务建立友谊会比凭友谊得到业务好。

——约翰·洛克菲勒，实业家

B2B和B2C都阵亡了，现在是P2P（人对人）的时代。

——迈克·穆尼

ACT！公司共同创始人

“正确关系”比“更多关系”更重要。

——理查德·科赫

格雷格·洛克伍德

如果工业时代是在生产、制造，那么社交时代就是在联结事物、人群和构想。

——妮洛佛·麦钱特，作家

身为各团体间桥梁的人可能会成为整个网络

的中心，并因此更有可能得到财物或其他报酬。

——罗纳德·伯特，社会学家

你必须开发一个人际资本网络，你可以对这些人保持开放，他们会给你最好的建议，而且你也喜欢对他们投桃报李。

——凯·寇普罗维兹

USA Network公司创办人

你可以专精于自己从事的工作，然而决定你的影响范围和最终成败的，是你和他人关系的广度、深度和质量。

——克里斯·卡米洛，投资人兼作家

2. 弄清楚你能提供什么以及需要什么

请记住你是自己私人人脉网络的中心。有鉴于此，你应该对自己是谁、自己可以提供什么以及自己需要什么进行一次盘点。方法是拿出一张纸做下面的事：

◎列出你的成就，包括个人层面和工作层面的成就。

◎盘点你的优势和专业技能。

◎描述你的缺点和不足之处。

◎详细说明你想发展的优势。

你在罗列自己的清单时，务必要诚实坦白。地球上的每一个人都拥有某种能力、信息和经验，足以为其他人创造价值，因此不要妄自菲薄。客观地观察自己能够提供什么，以及未来自己想要朝什么方向前进。

3. 用“5+50+100 人脉活化术”评估当前的人脉网络

一旦你盘点过自己能对某项交易带来的贡献，就应该开始更加仔细地端详你目前已经创造的人脉网络。进行这项工作时，请拿出另外一张纸写下：

◎我目前的联系对象有哪些人？

◎我该如何将这些人分类？

◎我目前的人脉网络看起来如何？

◎我的关键工作目标是什么？

试着用这种方式将你目前的联系对象加以分类：

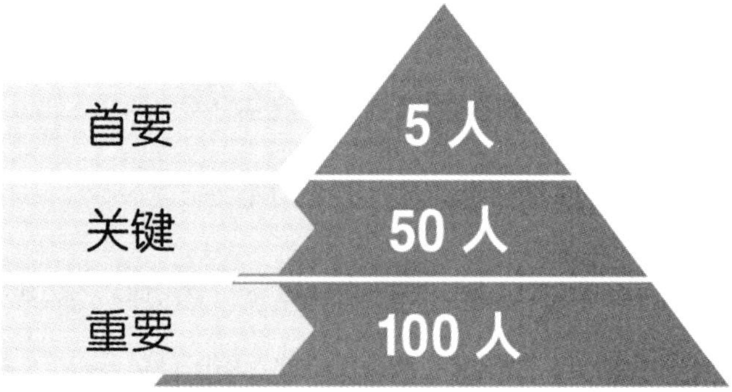

◎你的“首要 5 人”是亲密的家人、朋友或者你喜欢来往的生意伙伴。因为你喜欢这些人，所以想要每天和他们互动。

◎你的“关键 50 人”是有才华的朋友和同事，你知道自己可以向他们寻求帮助和建议，而且他们也会作出回应。在他们提出要求的时候，你也乐意为他们做相同的事。

◎你的“重要 100 人”就是那些你已经认识但只偶尔联络的人。这些人脉已经存在并且受到了你的重视，但是实际上你不会时常和他们进行太密切的联系。

4. 创建计划将你的人脉网络尽可能扩大

凭借一开始学到的知识，现在你要设计自己

需要的强力人脉网络，以便在未来取得更杰出的成就。现在用第三张纸回答下列问题，制作自己的前进路线图：

◎我需要什么帮助才能达成自己的目标？

◎我必须把谁加到自己的人脉网络才能获得这些帮助？

◎我接触这些人的方案是什么？

◎我在未来的 3～6 个月该做些什么？

对于如何接触新的对象，并逐步积累个人人脉网络以达成目标，你必须建立一份愿望清单。这件事可能包括增加一些杰出人士，以及强化自己人脉网络中既有的关系。

制作这份愿望清单时要大小兼顾。你必须努力把你所属产业或行业的最顶尖人士拉进自己的人脉网络中，同时要和当地的“社交明星”保持互动——他们可以把你介绍给当地或该城市中的活跃人士，因此也很珍贵，值得追求。

开始研究要想建立一个强力人脉网络，你必

须接触谁。记住多样性是好现象，你要的是具有不同背景、观点和专业知识的人，圈进这样的人将提升你整个人脉网络的活力。

建立自己人脉网络的一个最简单方式就是加入一些团体。要把职业协会或商会组织当成自己人脉网络的资源之泉。注意那些与你所属产业相关的博主、作家和出版商，看看自己是否能够认识他们或者他们撰写的对象。找机会和这些人建立联系，期待未来能够把他们纳入自己的私人人脉网络。

关键思维

运气就是在机会降临时已经作好准备。

——塞内卡，古罗马哲学家

要让你的人脉关系呈几何级数增长，最重要的因素就是了解自己。

——温斯顿·佩雷斯

Concept Modeling 公司创办人

重点完全在人际交往上。不论你的工作负担

有多重，都不要让自己每天局限在小隔间或办公室内不停地工作。为了你自己，也为了你事业的健康，你必须出去和人们碰面并发展关系。

——理查德·布兰森，维珍集团创办人

互联网正成为明日世界村的中心广场。

——比尔·盖茨，微软公司创办人

二　找出对象，展开来往

接下来请找出你想要让哪种类型的人加入自己的人脉网络。有效的做法包括三个步骤：首先，找出能为自己人脉网络创造价值的对象；紧接着，和结交对象碰面并建立联系；然后和结交对象来往，深化双方的关系。

要成为一位强力人脉经营专家，对待建立自己人脉网络的方法要非常谨慎。要保持宏观的视野，基本上你是要找出一些杰出人士，把他们加进自己的“首要5人”“关键50人”和“重要100人”名单里。

1. 找出能为自己人脉网络创造价值的对象

当你找到足以帮助你达成目标的人后，你就必须准备好和他们取得联系。实际上，一个好的开始是尽可能了解他们的利益、工作经验以及嗜好兴趣，了解他们的家庭和私人信息也会大有帮助。

你可以从他们在领英、脸书以及其他地方公布的信息入手。这种方法至少可以让你了解他们的基本个人资料，等你以后知道更多资料之后再加以补充。

在准备和你的目标对象碰面之前，首先你必须厘清三件事：

（1）你是谁？

你必须准备好快速且简明扼要地描述自己是谁以及你在做什么，这个动作必须反映出你的能力，你还要就自己最感兴趣的事物提出精辟的见解。你需要的并不是一场排练过的演讲，但你必须知道要想用有趣的方式介绍自己，应该掌握哪些要点。

（2）你能提供什么？

除了介绍自己之外，你还得证明为何进一步认识你是个好主意。方法是介绍你所具备的独特经验和关系，表明你是一个珍贵的问题解决者。

关于你能提供的价值，最常见的形式是你能提供一种观点。你可以说一些当事人的员工不敢讲的事，或者你可能认识一些可以和他们合作愉快的人。贡献价值的方式有无限多种，因此你要挑最有意义的那一种。

（3）你追求的目标是什么？

你必须待时机成熟之时，说明你需要从他们身上得到什么。这件事不能用直接要求的方式提出，如“你可以资助我的新创公司吗”，而应用一种模糊的说法表明，如“我们正在寻找合作伙伴，把业务拓展到英国”。

询问要巧妙：

◎从小事开始——在提出比较重要的合作前先建立关系。

◎要具体，如：“我必须上电视，你能够帮忙吗？”

◎要符合现阶段的关系，表现出自己已经事

先做了功课，所以了解情况。

◎把你的要求套入一个难忘的故事中。故事的目标是感动人心，同时又能与你所提要求背后的逻辑相契合。

◎乐于寻求他们的帮助，利用“请你帮助我”等请求的激励效果。

◎不论他们同意与否，都要感谢他们付出时间，然后请他们记得你，以便未来有机会时再合作。

找出适当对象的重点在于当机会出现的时候，你已经作好了走进那扇门的准备。如果你想通了如何介绍你是谁、你能够贡献的价值和你的目标，你就作好了完善的准备，可以在机会来临的时候抓住它。

2. 和结交对象碰面并建立联系

一旦你作好准备，接着就需要尝试安排和他们碰面。这里的关键是，即使你只得到一个短暂的机会，也要留下持久的印象。

完成这个目标的最佳方式是：

◎你说的话和你的形象要彼此契合——穿着适当并使用专业语言和文字。

◎要和蔼可亲——清楚表明你想与人交谈。踏出第一步，主动说“你好”。

◎专注于前 3 分钟——这是你留下深刻印象的基石，试着提出问题或表达诚挚的赞美。

◎要完全专注于当下——倾听他们在说什么并进行回应。对他们全神贯注，让他们因此而喜欢你。你会发现你听得愈多，他们最后感受到的共鸣就愈强烈。

◎试着提出一些重大问题——和他们的经历、兴趣、事业和家庭等相关的问题。问一些他们觉得重要的问题，然后仔细聆听，此时你能了解很多以后可以用来建立关系的资料。

面对面谈话的前 3 分钟通常就可以决定你们能否建立一段持久的关系。不要直接提出自己的要求，也不要马上就高谈阔论自己贡献的价值。

问他们一些问题并仔细地聆听，先了解对方的状况，弄清楚他们有什么令你惊奇的事。在你尝试把他们带入自己的人脉网络之前，要先建立一些了解和默契。

关键思维

我曾经目睹铁石心肠被简单微笑给软化了。

——戈尔迪·霍恩，演员

如果你想建立创新、有效、有意义的关系，就要留点空间进行更多亲密的会面。

——基思·法拉基

《别自个儿用餐》作者

3. 和结交对象来往，深化双方的关系

你的终极目标是建立持久的策略性关系，其关键通常在于：

◎找出双方的共同点，然后进行讨论——共同点是奠定双方关系的最佳基础。

◎探索什么事能让他们在工作或个人生活方面打起精神，然后采取行动显示你对这件事的尊重，或者在事后寄某样你知道他们会欣赏或具有类似效果的东西给他们。

◎当某个人显然不合适时，要非常开心地微笑，然后继续寻找下一个对象。

◎适当地敞开自己。可以说一些他们真正感兴趣的话题，也可以幽默地承认自己的一些缺点，这样做会产生良好的效果。

◎试着马上为你所遇到的人贡献价值，用信息、引荐或其他任何你能提供的事物帮助他们。免费为他们提供某些东西，通常这样你就能让他们把心门多打开一些。

◎提及你的要求，但是别开门见山，试着营造让人好奇的感觉。如果你处理得当，就可以为下次会面奠定基础，进而获得更多细节。告诉他们重要的信息，指出如果他们有兴趣，还可以进一步讨论这个话题。

◎务必取得他们的联络资料，这样你才可以通过电话、电子邮件或社交媒体追踪他们。

◎用三个黄金问题结束你们的第一次接触：

- “我该如何帮助你呢？”
- “你有什么想法是我可以采用的吗？”
- “你觉得我还应该和什么人谈谈？”

关键思维

我相信每一次在人们以有效社交且互相满意的方式进行谈话后，世界都会变得更好。

——丹尼尔·曼纳克，作家

三　再次联系，强化关系

一旦你和某位优秀对象见面并完成初步接触，就要开始营造真正的关系了。这涉及三个步骤：首先，创造一个立即再联系的理由；然后评估联系状况并启动人脉管理系统；最后，增加价值以深化关系。

1. 创造一个立即再联系的理由

如果你在和他们碰面之后，立刻做一件对他们有帮助的事来创造下一次接触机会，就会显得很独特。把碰面后 24 小时之内再次联系对方当作你的目标，而且联系得越快越好。

这件事通常非常简单，你可以通过电子邮件等来完成：

◎感谢他们和你会面。

◎邀请他们和你保持联系。

◎附上某个他们会重视的事物，例如一篇有趣的文章，或者对他们有价值的网络资源的链接。

再次强调，后续的跟进会为你们今后的关系定调，因此务必要展现你的周到和专业。

2. 评估联系状况并启动人脉管理系统

一旦你后续发送了电子邮件和提出了其他请求，就该坐下来评估这些新人选是否适合你的人脉网络。你的人脉网络真正需要的总共只有155 人：

◎“首要 5 人”是和你有密切联系，你每天都接触和互动的对象。

◎“关键 50 人”是你可以寻求帮助和愿意随时提供帮助的对象。你的计划是每周至少和这些人接触一次，以保持联络。

◎“重要 100 人”是你每个月通过电子邮件、社交媒体或电话进行联络的对象。

每当你碰到一个新对象时，必须厘清他是否应列入你人脉网络的三个群组之一。如果三个群组都已经满额，你必须决定这位“新人”要取代哪位“旧人”。

作决定时，你必须好好想清楚下列三个问题：

（1）这个联络对象来自何处？对于预约会面的对象，你赋予的等级应该高于偶然碰见的人。同样，如果是你敬重的对象介绍来的，也要赋予他们较高的等级。

（2）我们的价值观契合吗？你要打听该对象的声誉，查看他们在网络上张贴的一切信息。如果他们有网站就去造访，发掘值得看的信息，研究他们对人生和事业的态度是否和你契合。

（3）我们能够为彼此贡献价值吗？要加进自己人脉网络的对象应该是未来能够成为你资源的人，而他们也会以同样的方式看待你。

你可以根据以上三个筛选问题的答案，把接触过的新对象暂时归到下列五个类别：

◎“谢谢，再见”——不再进一步联络的对象。

◎消息提供者——偶尔保持联络，他们或许可以提供某些有用的引荐。

◎灰色地带——随意保持联系，再看看有何进展。

◎准备登场——你认为对方将来会成为自己人脉网络的成员，因此一有机会你就应该经营彼此的关系。

◎强力人脉圈——未来明显值得与之进行合作的对象。换句话说，他们满足一切条件，所以你热切地想与他们建立关系。

接下来你要决定是否把这些新关系加入自己的“5＋50＋100”人脉网络。记住当你增加新人“进圈入住”时，就必须有人退出来以挪出空间。你应该在维持私人人脉网络的过程中，不断地增加和淘汰一些成员。

关键思维

积累一大堆名片却不采取任何动作是完全没有意义的。会面后立即就要有后续动作，尝试尽快地再次进入他们的日程表。

——艾琳·瓦伦蒂，科技企业家

运气就藏在后续行动中。

——托雅·鲍威尔

美国黑室公司政府关系部门主管

3. 增加价值以深化关系

你无法通过和人碰一次面就建立关系。建立深刻的关系需要多次的接触和互动，这是增加信任的唯一方法。

以下是你应该尝试运用的四种时间架构：

（1）每天——向“首要 5 人”打招呼，追踪新对象，并回复来自你人脉网络的所有电子邮件、领英信息和通讯等。

（2）每周——向你想拉进自己人脉网络中的新对象发送有价值的内容，并且和“关键 50 人”的每一位成员联系。把你觉得新对象可能会喜欢的文章发给他们，或告诉对方他们可能会感兴趣的机会。

（3）每月——接触你的“重要 100 人”并贡献价值，方法包括告诉对方他们可能会感兴趣的某则新闻、文章或者新的联络对象。

（4）每季——向名片簿或电子邮件通讯录里的每一个人发送有趣的内容。

设定固定时段进行后续跟进可能会有帮助。例如你可以在每星期五下午预留 1 小时时间，用来寄发电子邮件和打电话。每一季度，你可以选定某个星期六的上午，发送电子邮件给自己联络资料中的每一个人以告知近况。

保留一份你联系人脉网络成员次数的书面记录，这样你才能持之以恒。记住你的目标是不断地尝试贡献价值，而最好的操作方式就是持之以恒，再加上一点运气。人们将会十分期待接到你发来的内容。

要长期不断地贡献价值，你必须持续经营关系，建立并维系真挚关系的关键是：

◎贡献适当的价值——了解人脉中的个别成员是否需要机会、信息、资源或人脉，然后协助他们前进。提供他们此时正好需要的协助，这样你自然就会产生价值。

◎要积极主动——总是不停地问“我能帮什么忙”，主动且持续地付出，这样你就可以建立绝佳的关系。

◎解决他们的问题——分享信息、进行介绍及提供支援，这是贡献价值的终极方式。

◎把小事做好——小事亦能提供鼓励和支援，如硅谷传奇人脉专家亚当·里夫金就作好了准备，花 5 分钟帮每个人一个小忙。帮忙不怕小，常帮是关键。

◎总是言而有信——说到做到，人们喜爱信守承诺的人。

◎付出——不期待任何回报。如果你无条件地帮助他人，未来他们就会更信任你。

◎准备好在提出任何要求之前先多次贡献价值——这样在他们眼中你就是一个付出者，当时机出现时他们会乐于帮助你。

如果你从宏观的角度观察，会发现为他人贡献价值是相当令人愉快的，做一个付出者会带给你良好的感觉。当人们逐渐相信你把他们的最佳利益放在心上，他们就非常有可能会加以回报。

好关系通常会对各方当事人产生价值。专注于自己想达成的目标固然很好，但是要建立强健的关系，你还必须知道其他人在追求什么。你付出的愈多，你的人脉网络就会愈强壮。如果其他人追随你做同样的事，效果就会更好。

关键思维

无论汇率是多少，你都不可能和坏人达成好契约。

——沃伦·巴菲特，投资家

四　把联络人彼此联结起来

为了表明你并不是普通的人脉网络经营者，你要努力将自己人脉网络的成员彼此联结起来，让大家都取得最大利益。让你成为强力人脉经营专家的四个步骤包括：首先，描绘你联系对象之间的联结；接着把你强力人脉网络里的成员联结起来；然后启动强力三角关系；最后，尽一切可能让彼此间的联结发挥作用。

1. 描绘你联系对象之间的联结

建立一份人脉地图，描绘自己人脉网络里成员彼此间的所有关系。你可以用自己觉得最合适的方法进行这项工作：

◎手绘图表或强力地图。

◎使用思维导图软件。

◎用便利贴做成墙壁图表。

◎使用领英的 InMap 功能。

◎使用绘图网站及其他。

你可能会发现自己人脉网络里的成员已经有相当程度的联结，也可能注意到某些明显的漏洞，这些漏洞必须通过纳入更多成员来修补。你可以相当确定，这项操作可以突显你现有联系人中可能产生的新联结。

不论你如何获得此类信息，都要准备好在新成员出现时进行更新。在你把某人加入自己的“首要 5 人”“关键 50 人”或“重要 100 人”群组时，也要注意在你的人脉地图上备注他们的强项、目标和关系等等。

如果你有办法回答下面这个问题，就表示你已经整理好你的地图了：

“你认识谁，你可以为他们做些什么？”

2. 把你强力人脉网络里的成员联结起来

完成了人脉地图后，你就有办法开始操作“三维强力棋局”。操作方式是把你人脉网络中的某些成员联结到其他成员或资源。“三维”的意思是你不仅要促成对等联系，还要让不同层次的人彼此联结起来。

对于人脉网络中的每一个成员，你要问自己：

◎“他们想要或需要什么？”

◎“他们为何想要它？”

◎“谁可以帮助他们得到需要的事物？”

◎“我该如何让他们联络到那个人？”

现实是，每一个人在努力实现自己目标的过程中都会需要某些东西。而每一种需求总可以从某处得到满足。身为强力人脉经营专家的你，就是要厘清和促成这种匹配。

当人们试着成为强力人脉经营专家时，下列五项错误会一再出现：

（1）最初的电子邮件或电话交谈并未得到任何回应，因此你就假设不值得再采取任何行动。其实有时候你只是在不适当的时间找上某个人，如果与之联系显然能够带来利益，你就应该继续努力。

（2）你的眼光短浅——面对一项可能的资源，你让自己的想法受限于自己假设的“盒子”里。你应该假设一切事物都有它适当的价值，而你的工作就是要让价值体现出来。

（3）你在引荐他人时相当谨慎，因为你觉得这可能会影响自己的名声。你是对的，这的确会有影响，但是别让它害得你畏首畏尾。关于把谁介绍给谁的问题必须要谨慎，但是如果介绍双方认识，你就要给他们合作空间，让他们去创造额外价值。这是可能的，而且也确实发生过。

（4）你担心人们不能好好完成引荐。这种担心是合理的，毕竟进行引荐从一开始就是让自己的社会资本冒险，你唯一能做的就是要求相关当事人让你知道结果如何。这样做可以鼓励他们坚持到底。

（5）没有人让你加入对话，因此你完全不知道可以做什么来巩固新的关系。偶尔礼貌地要求人们提供进度报告，你就可以尽力提供协助。

如果你能够避免这些错误，你就会成为优秀的强力人脉经营专家。将自己人脉网络中的成员愈多联结起来，你的形象就愈好，同时你也会提升每一个成员的力量，促进大家共同合作并创造价值。这就是理想的结果。

关键思维

当你建立这些人际联系时，你自然会看出并清除处于你和资源流动间的障碍物，而一旦障碍物除去后，资源自然就会流向优良的构想和有价值的计划。

——珍妮弗·麦克雷　杰弗里·沃克

社交关系基本上就是原始的互联网，它联结不同的优秀人才并且让彼此都变得比他们单打独斗时更加优秀。

——马修·利伯曼，作家

3. 启动强力三角关系

当你为多位当事人同时创造出价值时，强力三角关系就会出现。你的角色是撮合者，负责把大家联结起来，接着你就退场让他们自行发挥，不用加入这项合作关系。

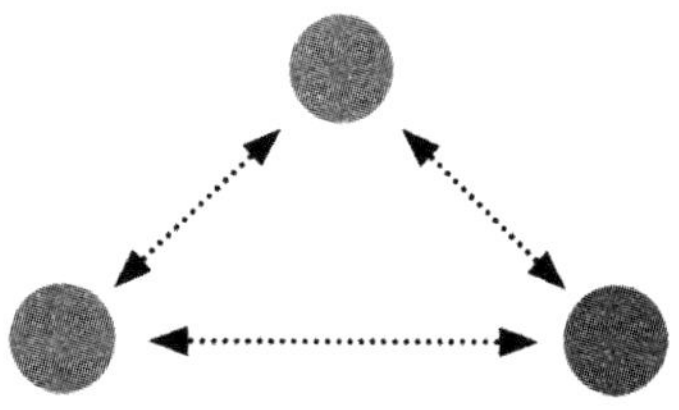

强力三角关系最成功的状况是：

◎你把完全属于不同圈子的人联结起来，否则他们无法和彼此建立联系。

◎你将优秀人士汇聚起来。

◎你把成功人士和有进取心的人联结起来，

后者会注入新思维和新的做事方法。

◎你帮助人们解决他们的问题，并积极主动地预测他们未来的需求。

◎你找出或创造有利于所有相关人士的额外价值。

如果你成功地汇聚多位当事人然后就不再插手，你就完成了自己的使命。在不需要你亲身参与的状况下创造出价值，这就是强力人脉经营专家的终极目标。

4. 尽一切可能让彼此间的联结发挥作用

在你的人脉网络中创造一种慷慨奉献的氛围，要快速地分享：

◎你对当前市场状况的了解。

◎你所有的联络人。

◎有趣的文章、书籍和其他信息。

◎取得资金的渠道。

◎接触你认识的所有意见领袖的渠道。

◎关于即将出现的机会、职位空缺或其他机

会的提前通知。

此处运作的原理很简单，你对其他人的帮助愈多，你对其真正需求的了解就会愈多，就愈容易把他们与其需要结合起来。当你发挥自己整个人脉网络中人才和信息的杠杆作用时，有趣的事情就会产生。

十大诀窍可以助你成为强力人脉专家：

（1）每一场会谈都要以找出下列三个问题的答案为目标：

◎“我该如何帮助你呢？”

◎“你可以给我什么意见？”

◎“你知道我还应该和什么人谈谈吗？”

（2）如果你没能成功建立自己的人脉网络，你就是找错地方了。别在错误的地方白费力气。

（3）对于每一个困难的问题，在某个地方都会有某个人知道妥当的解决方案。每个人身上都带着一些极重要的资源。

（4）评估自己的联络人不能光看他们的净

值，还要观察他们的心灵、头脑和胆识。

（5）别害怕陌生人，你从不认识的人身上可以学到更多。

（6）人们在和你分享他们珍贵的社会资本之前，必须先认识你、喜欢你并最终信任你。

（7）别在人群中迷失。创造一个可行且健全的“关键 50 人”群组并努力培养，必要时再回过头来删减。

（8）在经营人脉时，要奉行“两个恩惠原则”——在你提出任何要求前，总是帮别人两个忙。

（9）引荐是重头戏，因此要确定你创造的是一种双赢的关系。询问：“这对双方当事人会有什么价值?”

（10）如果你每天只能做一件小事，就做这件：随机行善。你永远不会知道一个小动作会带给你多大的益处。

关键思维

我总是冲劲十足地为人们制造适当的联系，而我丰富的商务人际关系让我可以完成这项工作。不论大家需要什么，我都想成为那个满足他们的人。

——丹尼斯·布罗索，作家

人类天生倾向于建立联系并结成同盟，进而开展合作、协同作业和互相支援。因此，你应该通过自己的关系和资源，付出时间和精力来协助其他人。强力人脉经营专家会尽自己一切所能，让他们的关系发挥效用。

——朱迪·罗比内特

每一位成功人士都知道自己的成就取决于一群人的共同努力。

——保罗·瑞恩，美国国会议员

和人们建立联系具有无比巨大的威力。通过建立联系，你可以将资源、知识和技能结合起来并发挥效果。你永远无法知道你会碰到什么人，或者自己能够如何协助他人。

——约瑟夫·冈萨雷斯

交互游戏制作人